HISTOIRE

DE

L'ESPRIT DES PEUPLES

DE L'EUROPE.

DE L'IMPRIMERIE DE A. BOBÉE,
RUE DE LA TABLETTERIE, N°. 9.

HISTOIRE

DE

L'ESPRIT DES PEUPLES

DE L'EUROPE,

DEPUIS LA CONVERSION DE CLOVIS, ROI DES FRANCS, JUSQU'A LA FIN DU RÈGNE DE CHARLEMAGNE, EMPEREUR D'OCCIDENT;

COMPRENANT

LA FONDATION DES SOCIÉTÉS DE L'EUROPE, L'ÉTABLISSEMENT DU CHRISTIANISME ET LE TRIOMPHE DE LA CATHOLICITÉ PARMI LES NATIONS BARBARES, ENFIN LES PROGRÈS DE LA CIVILISATION, JUSQU'A L'INDÉPENDANCE DE L'ÉGLISE.

PAR LE COMTE DES RIOUX DE MESSIMY,

Ex-Avocat général, et Conseiller à la Cour royale de Dijon.

Nisi Dominus ædificaverit domum, in vanum laboraverunt qui ædificant eam.

PSAUME 126.

TOME I.

A PARIS,

CHEZ DEHANSY, LIBRAIRE, RUE DE SORBONNE, N°. I.

1820.

HISTOIRE
DE
L'ESPRIT DES PEUPLES
DE L'EUROPE,

Depuis la conversion de Clovis, roi des Francs, jusqu'à la fin du règne de Charlemagne, empereur d'Occident;

Comprenant la fondation des sociétés de l'Europe, l'établissement du christianisme et le triomphe de la catholicité parmi les nations barbares, enfin les progrès de la civilisation, jusqu'à l'indépendance de l'Eglise.

PAR LE COMTE DES RIOUX DE MESSIMY,

Ex-Avocat général, et Conseiller à la Cour royale de Dijon.

Nisi Dominus ædificaverit domum, in vanum laboraverunt qui ædificant eam.
PSAUME 126.

2 vol. in-8°. brochés 11 fr., et 13 fr. 60 c. par la poste.

A PARIS,
CHEZ DEHANSY, LIBRAIRE, RUE DE SORBONNE, N°. I.
1820.

L'HISTOIRE des siècles qui se sont écoulés depuis Clovis jusqu'à Charlemagne, est restée jusqu'à ce jour dans une complette obscurité;

aucun historien n'a encore tenté de soulever le voile qui la couvre. Tous ont été effrayés de l'étendue des recherches qu'elle nécessitait, de la difficulté que présentait l'explication des anciens monumens, et de la barbarie des scènes qui semblaient être le fonds de cette histoire.

L'ouvrage que nous offrons au public, manque donc absolument à la littérature; et par la nouveauté du travail, il est fait pour piquer la curiosité.

L'auteur, en remontant à l'origine de toutes les sociétés de l'Europe, s'est attaché à montrer l'amalgame des usages romains à ceux des destructeurs de l'empire d'Occident, à décrire le mécanisme de toutes leurs institutions, et à indiquer le caractère moral qui est né de l'ordre existant alors. Cette époque étant celle de l'introduction du christianisme parmi les peuples barbares, il développe les effets inévitables que le mélange de leurs mœurs et usages aux nouvelles croyances religieuses, a dû produire sur les événemens qui se trouvent naturellement expliqués par la direction de l'esprit public et par ses changemens divers.

Il fixe des points historiques jusqu'alors incertains, tels que l'époque de l'hérédité des bénéfices en France, en Angleterre, l'origine de la féodalité, du droit de régale, des cens, etc.

S'élevant à de plus hautes considérations, l'auteur lie les faits de l'histoire à la perpétuité de la religion sur la terre ; il fait voir les desseins de Dieu sur la France et les autres nations de l'Europe ; la présence de la Providence dans tous les événemens humains, pour le triomphe de son Eglise ; le jeu des passions qu'elle sait faire servir à l'exécution de ses décrets ; la vanité des projets des hommes dans leurs efforts contre sa volonté. Il trace, au milieu des combats suscités par l'ambition des laïcs ou des ministres de la religion, tantôt les tristes effets de l'abandon des maximes évangéliques, tantôt la marche constante du christianisme vers la civilisation des peuples, sous les auspices de l'alliance de l'autel et du trône ; enfin il termine par le tableau de l'étonnant empire d'Occident sous Charlemagne, fondateur de l'indépendance de l'Eglise.

Cette histoire qui fait connaître les peuples de l'Europe dans des siècles jusqu'à présent ignorés, doit offrir un grand intérêt, soit par la nouveauté du sujet, soit par la variété et l'importance des matières qu'elle contient.

La jeunesse instruite y trouvera un guide pour former son jugement sur les événemens politiques où elle est appelée à jouer un rôle. Les hommes préposés à la conduite des peuples, et ceux qui participent au pouvoir, pourront y puiser les utiles leçons de l'expérience, pour diriger leurs actions.

Nous nous flattons en conséquence qu'on nous saura gré de notre empressement à donner au public connaissance de cet ouvrage.

DE L'IMPRIMERIE DE A. BOBÉE,
RUE DE LA TABLETTERIE, N°. 9.

PRÉFACE.

En présentant au public un ouvrage, que je puis dire le fruit de mes veilles et de mes études, pendant longues années, mon premier soin doit être de solliciter la bienveillance des lecteurs, et d'établir mes titres à leur confiance.

I. Il est difficile à un écrivain ignoré, de se faire jour dans un temps où des réputations toute faites et méritées semblent attirer exclusivement l'attention et condamner à l'oubli le plus absolu des ouvrages utiles, qui ne peuvent atteindre à la profondeur de pensées, à la perfection de style, aux charmes de la diction dont certains auteurs, justement favorisés du public, sont en possession de donner des modèles. Cette difficulté est si effrayante pour celui qui destine un livre à l'impression, qu'il faut un motif bien impérieux, pour oser entrer dans la carrière, quand on n'est guidé ni par la présomption, ni par un orgueil irréfléchi.

Aussi aurais-je vraisemblablement gardé le silence, et laissé à mes successeurs le soin de juger si mes écrits pouvaient mériter de voir le jour, lorsque la circonstance du 20 mars m'entraîna à venger la Majesté royale des outrages qui lui étaient prodigués.

II. Quoiqu'inconnu dans la république des lettres, j'osai faire paraître dans les premiers jours de juillet 1815, une brochure remise à l'impression, pendant les cent jours, intitulée : *Justification des griefs imputés au Roi et à la famille royale*, *renfermant le développement d'un gouvernement représentatif et de l'esprit d'une Charte constitutionnelle*, avec cette épigraphe :

O fortunatos nimium sua si bona norint. *Virgile.*

Mon but, en justifiant le Roi et la famille royale des griefs, élevés contr'eux pour prouver la nécessité de la révolution du 20 mars, était en même temps de démontrer que tous nos maux avaient leur source dans l'ignorance des hommes d'état sur la marche d'un gouvernement représentatif; d'en présenter le développement et les moyens de le mettre en action, enfin d'inviter les Français de tous les partis à se rallier franchement à la Charte, *palladium* de toutes nos libertés.

Le succès de cet ouvrage surpassa beaucoup mon espérance. Tous les journaux du temps en firent un éloge non mendié : et quoique les matières, qui y étaient traitées, pussent être sujettes à controverse, et laisser une vaste carrière à la critique, ils se réunirent dans un concert d'éloges. Je sens que je ne dois pas en tirer vanité; car sans doute ils manifestaient alors moins le mérite de l'ouvrage en lui-même, que les sentimens unanimes de tous les rédacteurs pour un souverain regretté, que la calomnie avait indignement attaqué pendant son exil. Cet amour des Français pour leur roi, disposant les esprits en faveur d'un auteur qui cherchait à le ranimer dans des cœurs égarés, fut sans doute la première cause de ce succès.

III. Quoiqu'il en soit, au moment où je

mets au jour non plus une brochure, mais un ouvrage de longue haleine, pour lequel j'ambitionne la bienveillance du public, j'ai cru devoir, pour me faire connaître de lui, rappeler celle qu'il a bien voulu m'accorder une première fois.

Si je ne craignais le reproche d'occuper ridiculement de moi, et de m'enivrer moi-même d'éloges en les répétant, je citerais quelques passages des journaux qui rendirent compte de cet écrit, dans l'espoir que les lecteurs y trouveraient quelques motifs de confiance sur ce qu'ils peuvent attendre de mes travaux.

Je m'en abstiens; mais comme je ne dois rien avancer, sans en administrer la preuve, je ne puis m'empêcher de dire que ceux qui la désireront, la trouveront au Journal des Débats, du 10 août 1815, dans un article signé A; au Journal de Paris du 16 août 1815, dans un article signé Y; au Journal général de France du 19 septembre 1815, dans un article signé par M. Salgues; enfin dans la Quotidienne.

Je sais que le critique sera fort indifférent

à tout ce qui s'est passé au sujet d'un ouvrage qu'il ne s'agit plus de juger ; et peut-être dira-t-il en lui-même : « Qu'importe » tout ce verbiage ? un bon livre est sou- » vent suivi d'un très-mauvais. Nous n'avons » pas besoin de remonter à des preuves » qui ne prouveront rien en faveur de celui » qui est soumis à notre censure. Il faut » qu'il se recommande lui-même. »

C'est très-vrai. Néanmoins l'inconvénient de paraître tout-à-fait inconnu, m'a paru si grand, si fâcheux pour un auteur, que je n'ai pu taire une circonstance heureuse, sans laquelle je n'aurais vraisemblablement pas cherché à sortir de mon obscurité.

Que ne puis-je espérer, pour le livre que je produis aujourd'hui, les épithètes flatteuses dont les journaux, et particulièrement celui de Paris, honorèrent alors cette brochure.

IV. Ce succès inespéré m'encouragea à mettre la main à un ouvrage ébauché depuis longtemps, mais sur un plan bien différent de celui que je présente.

M'attachant aux mœurs et usages des

peuples de l'Europe, depuis la fondation du royaume des Francs, sous Clovis, je m'étais proposé de les suivre de siècle en siècle, jusqu'à nos jours. Là, je recherchais l'origine des institutions des divers états, les causes des variations survenues par la série des temps. J'avais recueilli des matériaux immenses.

Je ne m'étais point dissimulé la difficulté de l'entreprise. Je savais le mot de Montesquieu, quand il compare à Saturne qui dévore des pierres, l'homme qui lit les événemens barbares, tristes et incertains des premiers siècles de notre monarchie. Je connaissais la prévention qui règne contre les auteurs qui choisissent dans ces temps reculés, le sujet de leurs travaux. Je n'ignorais pas qu'on leur reproche de manquer de goût et de discernement, à cause des scènes cruelles qui sont le fonds de cette histoire. Je sentais que les faits consignés dans divers écrivains nuement et sans intérêt, ne pouvaient être étudiés que dans les sources. Mais ces faits gissant épars, comme des corps morts dans de vastes catacombes, ne pouvaient que frapper d'effroi tout individu qui osait s'aventurer dans les monumens ténébreux qui les renferment.

Aussi, dans mon incertitude, j'avais d'abord commencé mon histoire au règne d'Hugues Capet. Trouvant ensuite que les événemens, n'étant point liés à leurs antécédens, laissaient du vague, de l'obscurité sur toutes les institutions et sur des usages déjà anciens et enracinés parmi les nations, dont il n'était plus possible de rendre raison, j'avais essayé de remonter au règne de Charlemagne; mais le défaut de liaison laissait trop encore à désirer, pour ne pas me ramener sans cesse au temps proscrit par les hommes de goût, temps où il était plus facile de saisir l'amalgame de la civilisation romaine, aux mœurs des barbares.

Errant d'un siècle à un autre, pour trouver le point de départ, qui pourrait donner à mon travail tout l'intérêt dont il était susceptible, je ne savais encore à quoi m'arrêter, lorsque les événemens miraculeux de 1814 et 1815 vinrent m'ouvrir les yeux, et m'apprendre que la religion, que je n'avais traitée jusqu'alors que comme accessoire à mon sujet, pourrait bien être l'objet principal de toutes les histoires.

Le discours du grand Bossuet, sur l'histoire universelle, qui avait été souvent l'objet de mes méditations, n'avait pu m'inspirer de sortir du sentier suivi par la foule des historiens et des publicistes. Il fallut la restauration, pour me frapper de sa lumière.

V. Dès l'instant que j'ai été conduit à envisager les événemens humains, sous leur véritable point de vue, dans leur liaison avec l'immortel auteur de notre admirable univers, tous ceux qui n'ont paru à Montesquieu que des pierres à dévorer par un Saturne, ont pris devant mes yeux, la forme de matériaux taillés dans le style le plus majestueux, pour la construction du plus auguste édifice. Je puis dire qu'alors cette étude de ma vie si pénible, et quelquefois si rebutante, ne m'a donné que les plus douces jouissances.

Les difficultés se sont abaissées. Chaque fait, classé à son époque, s'est lié naturellement aux mœurs, aux usages, à l'œuvre de la religion. Les mœurs et la législation, insensiblement formées par les préceptes religieux, m'ont présenté ensuite des événemens d'une autre nature, qui tous se rattachent au même principe. Les atrocités qui accompagnent ces temps de l'enfance des nations de l'Europe, ne m'ont plus paru que l'ombre du fond d'un tableau servant à en faire ressortir les parties les plus saillantes.

Aussi, malgré les préventions nées du mot de Montesquieu, et que je sais existantes; malgré le poids de son autorité, j'ose présenter, avec une entière confiance, au public et à l'Europe entière, sans crainte du reproche de défaut de discernement, l'histoire des temps les plus obscurs de ses principaux états.

VI. Ma confiance, je le répète, est entière. Ce n'est pas que je me dissimule que cet ouvrage doit être l'objet des critiques les plus amères; ce n'est pas que, fort de mon talent, j'aie la présomption de me croire en état d'entraîner les opinions. Mais au contraire, c'est parce que, fort de mon humilité et de ma conscience, je me suis résigné, avant de donner ce livre à l'impression ; et je me sens la force et le courage de supporter les ignominies de ceux qui en déversent tous les jours, à grands flots, sur tout ce qui tient à la religion.

VII. Ma confiance est si entière que j'ai écrit cette histoire, la seule qui offre aux principales nations de l'Europe, les récits véritables et suivis du temps de leur enfance, dans l'espoir qu'elle deviendra classique un jour.

J'ai eu l'intention d'apprendre aux hommes à lire l'histoire.

C'est dans ce double but que je l'ai écrite, et non pas pour la vaine réputation d'auteur, que j'abandonne à ceux qui la croient quelque chose. Je n'y aurais même pas attaché mon nom, si mon état qui a dû porter depuis longtemps mes regards sur l'étude des lois, d'où cette histoire est extraite, ne devait rehausser, aux yeux du public, la confiance que je sollicite de lui.

VIII. Dans le but que je me suis proposé, de donner une histoire qui puisse devenir classique, je demande moi-même, avec empressement, les avis des personnes qui croiront y reconnaître des erreurs, ou de fausses interprétations des anciens actes. Je demande l'avis des ecclésiastiques instruits sur les matières qui concernent la fondation de la religion en Europe, afin de la porter à l'état de perfection dont elle peut être susceptible; quelqu'aient été mes soins et mon attention, il est possible que j'aie laissé échapper quelqu'erreur, ou omis quelques points importans.

IX. Il est d'ailleurs plusieurs reproches que j'aurai à essuyer, et que je me fais moi-même. Cependant je déclare que c'est avec une intention bien formelle que je m'y expose; et c'est après de mûres réflexions que je me suis pourtant décidé à les encourir.

X. Le premier est de n'avoir point chargé de notes le récit des faits, afin de renvoyer aux sources d'où ils sont extraits, pour la satisfaction du lecteur. Je conviens que cet usage généralement suivi par les savans, est fait pour ajouter à la réputation de l'auteur, et pour inspirer plus de confiance en sa bonne foi.

Je ne répondrai pas comme un publiciste distingué de nos jours et qui vit encore, qu'on peut croire que je n'ai point travaillé sans matériaux. J'ai, à ce qu'il me semble, une raison plus décisive.

En considérant que les sources ne sont guères à la portée du commun des lecteurs, et surtout des personnes dans l'âge de l'adolescence, auxquelles je destine plus partilièrement cette histoire, j'ai pensé que ce serait fort inutilement faire parade d'une vaine érudition, et que ce serait considérablement augmenter le prix d'un ouvrage, qui, pour devenir classique, a besoin d'être dégagé de toute surcharge oiseuse.

Ce n'est pas pour une réputation que j'écris; c'est pour un but d'utilité publique. C'est pour ramener la jeunesse à des pensées trop négligées, pour ne pas dire oubliées aujourd'hui; or presque rien ne m'appartient dans ce livre. Il est telle page qui aurait eu besoin d'une note et quelquefois plus, à chaque ligne, pour indiquer les sources. On sent dès lors combien le texte eût été surchargé. Quelquefois des discussions seraient devenues nécessaires ; de sorte que l'ouvrage que je présente en deux volumes, en eût nécessité trois ou quatre : et quel avantage le public en pourrait-il retirer ? aucun, absolument aucun.

Ceux-là seuls qui consultent les sources, auraient eu la satisfaction de voir leur travail abrégé, pour les vérifications qu'ils peuvent désirer. Mais il me semble que la marche de l'ouvrage les indique assez, pour qu'ils puissent les faire facilement. Cependant il est certains faits essentiels à l'histoire, et certaines explications de termes anciens que j'ai appuyés de leurs preuves. Je donnerai plus tard la liste des auteurs qui m'ont servi de guides. On n'aura qu'à rechercher dans l'intervalle des dates en marge, un peu avant ou un peu après, on y trouvera la confirmation des faits que je rapporte.

XI. J'ai donc sacrifié la réputation d'auteur, à l'intention d'être plus utile. Quant à la bonne foi, je renvoie au corps de l'ouvrage, pour juger si elle peut être mise en question.

XII. J'ai déjà dit que, dans ce livre, presque rien ne m'appartient. Ainsi je n'ai guères à reclamer que cette Préface, le Discours préliminaire, ensuite l'ordre et la manière dont les faits sont présentés. Mais peut-être pourrait-on croire que c'est pour échapper au reproche de plagiat que je n'ai point indiqué les sources. Bien loin de là je m'en accuse, et je n'hésite point à dire que j'ai quelquefois copié ou traduit des phrases entières, suivant qu'elles pouvaient appartenir à mon sujet. A cet égard, je crois n'avoir d'autres torts que ceux qui sont communs à presque tous les historiens qui se suivent les uns après les autres. Je pourrais citer telle phrase de mon ouvrage, répétée presque mot à mot dans trois ou quatre auteurs différens.

J'avoue donc que j'ai été quelquefois conduit par les faits à glaner tantôt dans un champ, tantôt dans un autre, à unir ensemble la pensée d'un moderne avec celle d'un ancien : que j'ai cherché à m'enrichir, aussi bien des trésors grecs et romains, que des mines opulentes de la France, de l'Angleterre et de quelques autres contrées de l'Europe.

C'est au lecteur à juger de l'usage que j'ai fait de la réunion du suc de tant de fleurs indigènes et exotiques, et si j'ai réussi à en composer un miel agréable à son goût.

XIII. *Omne tulit punctum qui miscuit utile dulci.*
HOR.

L'art consiste à mêler l'agréable à l'utile.

C'est là le point nécessaire à un historien. Mais l'histoire est un champ d'une exploitation si difficile, qu'on se flatte souvent, vainement, d'avoir atteint ce but. Parmi le nombre immense d'historiens que compte l'Europe, à peine s'en trouve-t-il quelques-uns dont les écrits puissent soutenir une lecture suivie. Aucun n'approche des Xénophon, des Plutarque, des Tite-Live et des Tacite : et combien ces auteurs renommés, sont-ils loin eux-mêmes de la sublime simplicité de l'histoire sainte ? combien sont-ils loin de l'immortel Bossuet ?

La cause du peu de succès des ouvrages historiques, en général, tient au défaut d'intérêt qu'inspirent des événemens éloignés, dont on ne peut apercevoir ni le moteur ni le but. Ce défaut d'intérêt rend nécessairement la narration froide, sèche, traînante. Les faits sont entassés les uns sur les autres, sans liaisons entr'eux. L'attention est fatiguée de leur multiplicité, sans résultats positifs, et ne se repose que sur des traits accessoires de grandeur d'ame, de générosité, d'héroïsme, qu'on est étonné et ravi de rencontrer de distance en distance, et qui servent comme de points fixes pour rappeler des règnes d'ailleurs insignifians.

Aussi la lecture de ces nombreuses histoires ne laisse dans la mémoire que des faits isolés, ne parle point à l'esprit qui n'y recueille que des leçons incomplettes ; et l'expérience des siècles se trouve perdue pour la plupart des hommes. Quelle différence de la lecture de l'histoire sainte, où tout est substantiel et nourrit l'ame d'instructives leçons!

XIV. On s'étonne que l'expérience ne serve presque jamais à rien. Mais pour qu'elle puisse être mise à profit, il faut que l'esprit en ait été profondément frappé. Lorsque les faits qu'elle rappelle ne présentent ni les vraies circonstances, ni les vraies causes qui les ont créés, ni le moteur général qui donne la vie à tout, ni le but vers lequel tout doit marcher dans ce monde, conformément aux lois éternelles. Comment y chercherait-on des règles de conduite, lorsqu'on y apprend au contraire que le jeu des passions peut faire varier à à l'infini les causes secondes, et que de cette variété, les événemens naissent toujours avec des différences, même dans leur ressemblance? lorsqu'on n'a d'autre but que le triomphe d'une ambition personnelle et passagère, quelles leçons pourrait-on en retirer?

Aussi l'expérience nous montre que les hommes, détournés de leur véritable voie, considèrent tout dans la sphère de leur présomption. Chacun se croit l'esprit assez fort pour juger lui-même les choses présentes, et maitriser les événemens. On croit tout voir, lorsqu'on aperçoit ce qui existe autour de soi, au moment même où l'on se trouve. On ne se doute pas que les antécédens ont leurs conséquences nécessaires.

Les principes de Machiavel paraissent à ces présomptueux, le sublime de la prudence humaine; et au moment où ils se flattent d'un succès, ils succombent tout à coup sous l'effort d'une cause souvent puérile, échappée à leurs regards.

XV. Tout cela est dans la nature des hommes qui vivent au jour le jour, sans s'inquiéter de la fin pour laquelle ils ont été créés, et qui, absorbés par les objets extérieurs qui les environnent, marchent en aveugles dans le tourbillon du monde, et s'étonnent ensuite de leurs chutes réitérées.

XVI. Pour fixer l'attention sur l'expérience des siècles, j'ai tâché, dans mon ouvrage, de sortir de la route suivie par tant d'autres. M'attachant à l'esprit des nations, j'ai cherché à remonter à l'origine de toutes les sociétés de l'Europe, pour montrer le mécanisme de toutes leurs institutions, indiquer le caractère moral qui est né de l'ordre existant alors, celui qui a suivi l'introduction du christianisme; les effets inévitables que le mélange des mœurs barbares aux nouvelles croyances religieuses a dû produire sur les événemens ; comment l'esprit public a été dirigé, comment il a subi des changemens. J'ai trouvé partout les mêmes causes produisant les mêmes effets, et les événemens toujours en rapport avec le plus ou moins de progrès du christianisme. Les leçons de l'expérience sont si saillantes, que j'ose espérer qu'elles pourront être utiles à ceux qu'elles intéressent.

XVII. J'ai dit que c'est dans l'étude des lois, que j'ai recherché l'histoire de l'Esprit des Peuples. Ce n'est en effet que là qu'on peut observer ses progrès ou ses pas rétrogrades dans la civilisation. La vérité en est si frappante, qu'on voit l'état de chaque société et de chaque classe, s'améliorer ou se corrompre, par des gradations marquées, suivant la direction qu'elles reçoivent de leurs chefs, et suivant l'attachement à la religion, ou le relâchement de la discipline de l'Eglise.

Les lois apprennent des faits incontestables, surtout dans ces siècles obscurs où elles sont rares. Elles ne sont faites que pour des cas urgens, et pour le besoin des sociétés naissantes. Avec elles, on est sûr de ne pas s'égarer. Elles suppléent aux monumens historiques, lorsque la rareté des historiens et le silence de ceux qui existent, laissent presque tout dans le vague et l'incertitude.

XVIII. C'est avec leurs secours, que je crois avoir réussi à dissiper le chaos qui environne le berceau des peuples de l'Europe. Qui pourrait parler aujourd'hui de l'histoire de l'heptarchie d'Angleterre, après avoir lu les meilleurs historiens anglais? assurément personne. Qui connait l'histoire de la première race de nos rois? seulement ceux qui, avec de profondes réflexions, auront osé se lancer dans l'étude de ces temps obscurs. Les autres ne connaissent que la chronologie des rois, celle de quelques maires du palais, une série de faits atroces, qui ne peut qu'inspirer de l'horreur; enfin ce qui se trouve dans l'histoire de Cordemoi, et dans l'abrégé du président Hénault. Mais peut-on dire connaître la France d'alors? Peut-on rendre raison de quelque chose? tout semble incertain, lorsqu'au contraire, tout est conduit par des conséquences nécessaires.

. XIX. C'est parce qu'on n'a considéré que des faits matériels et isolés, que toutes ces histoires sont si ingrates et si peu satisfaisantes. C'est parce qu'on les a détachés de l'histoire de la religion, qui lie tous les événemens, qu'on n'a rien aperçu. Si, au contraire, on eût envisagé la crise dans laquelle se trouvait alors l'Eutope, pour l'établissement du christianisme, l'intérêt serait né des combats même des passions, pour le repousser. Le sujet se serait agrandi, les événemens eussent été expliqués; et l'on connaîtrait des siècles totalement ignorés, et bien remarquables cependant dans l'histoire de l'esprit humain.

XX. C'est ce que j'ai tâché de remplir pour éviter l'écueil du défaut d'intérêt; et j'ose espérer qu'on trouvera l'histoire de ces temps, lisible et instructive. Non pas que je me flatte de la perfection d'un style entraînant; non pas que j'aie la présomption de croire avoir toujours échappé au défaut de monotonie, presqu'inévitable dans une histoire et surtout dans uue histoire de mœurs, à cause des répétitions obligées dans la série des temps. Mais j'espère que le lecteur ne rejetera pas le livre par lassitude et par ennui. J'ai employé bien des veilles pour être court et succinct.

Les faits eux-mêmes, abstraction faite de la manière dont je les présente, offrent presqu'à chaque page, tantôt l'origine de certains usages, tantôt leur liaison avec d'autres plus anciens, tantôt les résultats les plus incroyables, les plus inattendus, tantôt des rapprochemens remarquables. Ils excitent donc par eux-mêmes la curiosité du lecteur, et l'intéressent beaucoup plus qu'on ne l'aurait imaginé; et dans l'histoire de ces siècles, où toutes les passions sont en jeu, leurs erreurs, leurs succès, leurs défaites, parlent puissamment aux passions, et font naître de profondes réflexions.

XXI. Quel sujet de méditations n'offrira-t-elle pas à l'homme pensant, lorsqu'il sera en état de comparer l'époque de l'établissement du christianisme en Europe, à celle où il est en proie aux attaques d'un philosophisme par lequel ses adeptes prétendent régénérer les nations.

Dans l'une comme dans l'autre, on verra les sociétés, dans deux périodes extrêmes, sans institutions fixes, se débattre pour établir des rapports sociaux. Les premières, élèves de la nature, sans expérience, détruisent tout par instinct, et cherchent leur existence dans les pillages, le sang et le carnage. Les secondes, révoltées contre leur instituteur divin, lasses de leur existence, après avoir tout renversé, rejettent par système les leçons de l'expérience, et cherchent, dans le massacre de leurs propres enfans, les promesses d'un rajeunissement soudain. Les premières s'arrêtent et hésitent, frappées d'étonnement, à la voix de la Religion qui leur dit: « Suspendez vos fureurs, » enfans des hommes: au nom du Dieu » qui vous a créés, aimez-vous et obéissez » à son amour. Réunissez vos peuplades » vagabondes, construisez des villes. Bâ» tissez l'échelle mystérieuse de Jacob, » dont les degrés, qui touchent à la terre, » vous conduiront jusqu'aux régions du

» ciel, séjour de la béatitude éternelle. » Suivez ce modèle de la hiérarchie des » rangs, et devenez de grandes nations, » consacrées au Tout-Puissant. » Les secondes, escortées de l'athéisme, s'avancent avec orgueil, pour redonner naissance à la chimère ; elles s'assimilent à de vastes cimetières, auxquels une voix infernale aurait dit : « O morts, levez-vous, sortez de vos » sépulcres, et vivez dans l'état d'harmonie » où vous étiez sous la loi du trépas. Que » les rois soient confondus avec les esclaves ; » que les grands oublient leurs grandeurs ; » que les petits s'élèvent au niveau des plus » puissans ; et frappez le monde du spec- » tacle de l'égalité des tombeaux. »

D'un côté, on verra la religion, ouvrant les trésors de la miséricorde divine, suppléant à tout ce qui manque, soutenir, de sa force morale, des édifices toujours prêts à crouler, et faire naître l'ordre du milieu du chaos. De l'autre, on voit cette même religion, ouvertement attaquée par la licence, pardonnant à ses ennemis leurs téméraires et coupables attentats, travailler chaque jour à combler l'abîme qu'ils creusent sous leurs pas et sous les marches des trônes, et défendre la civilisation sur le penchant de sa ruine.

Dans les temps passés, on trouve un seul roi catholique, entouré de princes payens ou hérétiques, et la religion aux prises avec tant d'ennemis, triompher de tous les obstacles. Dans ce moment, au contraire, on trouve quelques rois encore catholiques, environnés de princes qui ont abandonné leur communion, et l'athéisme aux prises avec les doctrines religieuses, chanter chaque jour ses victoires jusque dans leurs palais. Là se présentent en foule des rois, animés du feu sacré de l'amour divin, écoutant des préceptes, fondateurs de l'ordre social, et entourant les ministres du Très-Haut de respect et de vénération; ici des rois enchainés par un respect politique, qui, semblable au soleil d'hiver, ne retient qu'une chaleur insensible et incapable de pénétrer des cœurs glacés par l'indifférence, abandonnent les ministres du culte catholique aux sarcasmes et aux railleries de l'impiété et de l'athéisme.

Dans l'histoire des premiers siècles des monarchies de l'Europe, l'ame s'élève sans cesse vers son divin auteur. Elle voit partout sa présence, elle entend sa parole féconde qui crée et vivifie l'esprit, le sépare de la matière, et le conduit par des désirs sans fin, à la croyance de l'immortalité, qui seule peut le satisfaire. Dans l'autre, au contraire, l'ame, esclave de la matière, ne croit pas même à sa propre existence, et travaille, avec le secours de sa raison orgueilleuse, à éteindte la lumière intérieure qui la fatigue. Courbée vers la terre, sourde au concert de la nature qui chante la gloire d'un créateur, elle n'écoute que ses appétits brutaux, et place toute sa félicité dans l'espoir d'un affreux néant.

XXII. Je pourrais étendre beaucoup cette comparaison des temps anciens et modernes, et parler de la législation de l'Europe, presque toute fondée sur les réglemens de l'Eglise; mais l'esprit s'afflige et se flétrit, en pensant que, méconnaissant son origine, l'élite d'une grande nation, et les ministres qui la gouvernent, dans un accés de délire, n'ont pas craint de donner un grand scandale, et de refuser à la religion dominante, la protection des lois.

XXIII. Quelle est donc l'inconséquence de l'esprit humain ! il veut édifier sans base, sans fondation ; il fait plus, il mine l'édifice en même temps qu'il le construit ; il veut associer la conscience des hommes au maintien de l'ordre et de la justice (1), à l'instant où il proclame des doctrines corruptrices, pour la fausser et l'éteindre. Il commande la fidélité du serment ; il en admet la formalité, comme preuve dans la législation. Il lui confie la fortune, bien plus la vie des citoyens ; et la religion sur laquelle il est forcé de l'appuyer, la religion qui seule consacre sa sainteté, est abandonnée aux insultes et au mépris des hommes ! Les lois commandent le respect des personnes et des propriétés, et elles se taisent sur celui qui est dû au créateur des personnes et des propriétés !

Si l'on pouvait au moins reconnaître que

---

(1) Institution du jury.

ce silence est l'effet de l'horreur qui ferait supposer impossible un attentat contre la majesté divine ; si, semblables au peuple de l'antiquité payenne, qui n'avait point prévu dans ses lois le crime de parricide, crime incroyable et contre nature, nous n'avions point encore l'expérience des outrages de l'esprit humain, contre le créateur de toutes choses, ce silence pourrait être regardé comme un hommage. Mais loin de là, c'est au milieu des blasphêmes et des sacrilèges qu'un froid philosophisme bannit la religion du sanctuaire de la justice ; et il se trouve des hommes assez impies pour dire et répéter que la loi doit être athée.

Le cœur se brise à cet excès de folie et de déraison.

XXIX. *Nisi Dominus ædificaverit domum, in vanum laboraverunt qui ædificant eam.* Si le Seigneur n'édifie lui-même la maison, ils travailleront envain, ceux qui l'édifient.

Ils ont entendu cette parole du roi-prophète ; et, dans leur délire, ils ont dit : Détruisons, et nous saurons bien reconstruire.

Depuis trente années, ils bâtissent non pas seulement sur le sable, mais sur toutes les puissances de l'enfer; et ils ne voient pas, à la confusion qui règne dans leur langage et dans leurs plans, que leur ouvrage, comme la tour de Babel, n'est qu'un monument d'orgueil et de révolte. Ils n'ont point appris, par leurs chutes réitérées, que les puissances de l'enfer, si actives pour amonceler des ruines, ne peuvent rien construire; que leur règne est le règne du désespoir, le règne de la mort.

XXV. O France, ô ma patrie, après tant de sanglans sacrifices, à quels nouveaux désastres es-tu encore réservée? l'impiété, l'athéisme appellent sur toi, de tout leur pouvoir, la colère céleste. Est-il assez de justes, dans ton sein, pour toucher la miséricorde divine, et écarter de toi les fléaux destructeurs qui renversent les empires? Les miracles qui t'ont sauvée deux fois d'une ruine qui paraissait certaine, seront-ils vains et perdus pour toi? Les descendans de saint Louis, qui, deux fois, t'ont réconciliée avec tes ennemis, et qui devaient te réconcilier avec ton Dieu, ne recevront-ils, pour leurs bienfaits, que des cris de haine et de vengeance ? leurs têtes doivent-elles encore tomber en sacrifice ?

Déjà le sang royal a coulé. La main parricide d'un impie a déchiré le sein de l'héritier des rois (1), et ne nous laisse qu'une frêle espérance. La joie atroce des ennemis de Dieu, dévoue hautement la France aux divinités infernales.

XXVI. Dieu puissant, qui vois leur rage et leur soif du crime, vois aussi la douleur de ton peuple autrefois chéri. Ses larmes, le crêpe funèbre étendu sur tout le royaume, manifestent que, s'il est égaré par des instigateurs coupables, il est prêt à rentrer dans ta voie. Fortifie de ta main secourable ces saintes dispositions. Que l'empire des lis, ce fils aîné de l'Eglise, conserve l'héritage de ses pères, l'héritage de la foi. Déjoue les complots des méchans, fais-les tourner à leur honte et à leur confusion. Mais s'il faut encore des victimes, choisis celles qui

---

(1) S. A. R. M. le duc de Berry, assassiné le 13 février 1820.

peuvent désarmer ta juste colère ; et sauve la France ; conserve à son amour l'illustre tige de ses rois.

XXVII. Conduit par une comparaison prise dans les fastes de cette histoire, à jeter les yeux sur les scènes affligeantes qui nous entourent, j'ai suivi le sentiment de ma douleur, et je me suis écarté de mon sujet. Le lecteur voudra bien me pardonner, la cause en est si légitime! J'y reviens.

XXVIII. J'ai dit que cette histoire est principalement écrite pour la jeunesse, afin de l'habituer à considérer la présence de Dieu dans tous les événemens humains ; et que, sous ce point de vue, je pense qu'elle deviendra un jour classique. Cependant elle est aussi écrite pour un dessein plus vaste et plus important encore.

Ce sont les monarques de la terre, ce sont les ministres appelés à gouverner les nations, qui ont le plus besoin d'être convaincus, par les leçons de l'expérience, de la nécessité de se conformer aux lois éternelles de la Providence.

XXIX. En conséquence, c'est à eux surtout que je dédie cet ouvrage, non pas pour obtenir des récompenses dont ils disposent, mais pour participer au bien qu'ils feront, si mon travail réussit à faire passer dans leurs ames la conviction dont je suis pénétré.

J'ai dit ailleurs : Ce sont les rois qui font les peuples ce qu'ils sont. Les fautes de ces derniers sont toujours celles des souverains qui ont reçu d'en haut la force et les moyens de mettre un frein à l'ardeur des passions.

Cette vérité dont ils ne sont point assez pénétrés, est tellement écrite dans toutes les pages de l'histoire, qu'on peut dire qu'elle est devenue triviale. Mais à quoi sert la vérité, pour notre instruction, si on la détourne de son sens et de son usage ?

XXX. C'est ainsi que cette proposition vraie devient, dans l'esprit des souverains, un prétexte pour élever leur volonté au-dessus de toutes les contradictions, et dans celui des peuples une arme à l'usage des méchans qui rejettent la faute de leurs propres excès sur ceux qui devaient les comprimer.

Les souverains, entourés de flatteurs qui

les enivrent de leur puissance, ne voient pas qu'en mettant leurs volontés à la place des lois divines et en exerçant une autorité absolue et arbitraire, ils inspirent à leurs sujets l'habitude de l'arbitraire, dans leurs rapports entr'eux. De ces dispositions naît un conflit nécessaire, parce qu'il est impossible que la justice, dans ce cas, soit toujours respectée : ils introduisent donc, dans l'ordre social, la corruption, dont les efforts deviendront dangereux à leur puissance.

Ils ne voient pas qu'en cédant à l'attrait des plaisirs et en menant une vie déréglée, ils s'ôtent le pouvoir de réprimer les écarts de la société qui les imite ; que l'exemple de l'impunité des hommes au-dessus des lois humaines, fait paraître ces lois ridicules ou trop sévères ; que dès lors elles deviennent sans force, et laissent propager la corruption dans le peuple. De la corruption aux excès qui peuvent mettre un empire à deux doigts de sa perte, il n'y a plus qu'un pas. Les passions sauront faire naître les occasions favorables pour satisfaire leurs désirs.

Les fautes des peuples sont donc évidemment celles des rois.

XXXI. Néanmoins les peuples comme les rois supportent les peines attachées à ces désordres. Comment cela pourrait-il être autrement, lorsqu'ils se rendent volontairement les instrumens des méchans ?

Ceux-ci, par des subtilités qui peuvent paraître des raisonnemens solides à des esprits peu exercés, et qui flattent l'ignorance, établissent que les rois sont faits pour les peuples ; que ces derniers n'ont pas besoin d'avoir raison, pour valider leurs actes, parce qu'en eux réside la souveraineté ; qu'une nation, en conséquence, ne peut jamais être coupable : puis concluant du général au particulier, ils cherchent à affranchir les individus, de la responsabilité des crimes auxquels ils les excitent, sous prétexte de venir au secours des peuples. Comme si les lois divines qui imposent des devoirs aux rois, n'imposaient pas aussi des devoirs à chacun de leurs sujets : comme si les fautes des uns pouvaient servir d'excuse à celles des autres, aux yeux de la justice éternelle.

Ceux qui tombent dans le crime par l'effet de leur propre volonté, ou par l'effet de l'entraînement auquel leur volonté a cédé, sont toujours coupables. C'est un principe reconnu et consacré par les lois, principe qu'on voudrait contester lorsqu'il s'agit d'intérêts politiques.

La Providence, qui n'admet point ces vaines distinctions, fait peser également les châtimens sur les rois et les peuples ; et les rend mutuellement responsables de leurs écarts et de leurs déréglemens.

XXXII. Mais si les destinées des peuples et des rois sont si intimément liées ensemble, qu'ils ne peuvent s'éloigner des voies du Seigneur, sans exposer leur repos et leur tranquillité ; et qu'ils ne peuvent fonder leur félicité que sur un amour réciproque, sur la confiance et sur la justice, il ne suffit pas que la jeunesse soit élevée dans des principes d'ordre, il faut surtout que ceux qui sont à la tête des nations, dirigent leur conduite, leurs actions, leurs réglemens sur les mêmes principes.

XXXIII. Or, quelle histoire peut être

plus instructive que celle de l'établissement du christianisme en Europe? Elle doit enseigner aux souverains à se défendre de la flatterie qui exalte l'autorité des princes au-dessus des lois divines et humaines. Les illusions du pouvoir paraissent dans un si grand jour, par des chutes si frappantes, que ses dépositaires seront convaincus, qu'ils doivent être très-circonspects dans l'usage qu'ils en font.

XXXIV. Ils y apprendront à vouloir, parce que la volonté est nécessaire au commandement; mais aussi ils apprendront à ne vouloir que ce qu'ils peuvent, et seulement ce qu'ils peuvent selon la justice, parce que la peine ou le châtiment suit toujours, tôt ou tard, les infractions aux décrets de l'éternelle vérité.

XXXV. Si la religion n'est pas la base des institutions, et si celles-ci sont en contradiction avec elle, il est impossible d'espérer le bien. Aussi les mœurs du clergé qui ont servi de texte, dans notre siècle, pour nier la révélation, ont-elles une influence marquée sur celles des peuples, surtout lorsqu'elles ne s'accordent pas avec les préceptes qu'il enseigne. Elles paraîtront, dans cette histoire, telles que les anciens monumens les présentent. On y verra les commencemens de la lutte des puissances spirituelle et temporelle; et on se convaincra des immenses bienfaits, apportés aux hommes par la religion, malgré les erreurs et les crimes d'une partie de ses ministres. Les faits exerceront l'esprit à distinguer la morale divine, toujours divine, des exemples de pasteurs égarés.

XXXVI. Il est impossible, sans doute, que tous les ecclésiastiques, sujets aux faiblesses humaines, réunissent, au même degré, les vertus enseignées. Il est très-possible que, dans le nombre, il y ait des avares, des ambitieux, des voluptueux, des orgueilleux, des incrédules même. L'Eglise le sait; et c'est pour combattre cette cause de corruption que sa discipline existe. Elle contient tout ce qu'il faut pour signaler aux yeux des nations et des simples individus, qu'elle dément et condamne tout ce qui n'est pas conforme aux préceptes de son divin instituteur.

XXXVII. Mais elle a besoin de l'appui du pouvoir des rois, pour faire respecter et exécuter ses décrets. Si cet appui lui manque, si les souverains épousent les opinions de ceux qu'elle censure, il est impossible que les peuples échappent à des dissensions intestines.

La stabilité de l'Eglise, qui offre un point de ralliement à tous les fidèles, a pu alors égarer ses ministres, même son chef visible, sur les moyens de ramener au centre commun, ceux qui s'en étaient séparés. Néanmoins leurs erreurs, leur ambition mondaine, quelque générales qu'elles aient été, quelque soient les fruits amers qu'elles aient portés, ne sauraient obscurcir ni entacher la vérité. Les fautes retombent uniquement sur leurs auteurs, et ne servent qu'à faire briller davantage la pureté d'une religion qui a traversé les siècles et les misères humaines.

XXXVIII. De l'histoire du choc des passions entre les souverains et les princes de l'Eglise, ressort une utile leçon, pour faire connaître les limites des deux puissances ;

spirituelle et temporelle, et pour détruire les affreuses conséquences qu'en a tiré l'impiété.

L'abus du pouvoir ne fera jamais conclure qu'il faut bannir une autorité régulatrice et conservatrice de la société, sous quelque forme de gouvernement qu'elle existe. L'abus de la puissance de l'Eglise ne prouve donc rien contre la nécessité de son existence, nécessité démontrée par l'histoire de toutes les nations.

XXXIX. Mais je sens que les impies chercheront dans ce que je viens de dire, des armes acérées pour attaquer la religion avec plus de rage, et semer des inquiétudes et des alarmes. Les uns diront : « Nous admettons qu'il faut un culte pour les peu-
» ples. Mais qu'importe que ce soit le culte
» catholique, ou tout autre. La république
» romaine a été victorieuse et maîtresse de
» toutes les nations, tant qu'elle a été fidèle
» à ses dieux du paganisme ; et elle n'est
» tombée sous l'esclavage des empereurs
» que lorsqu'elle cessa de croire à leur
» puissance.

» Toute religion est donc bonne pour la » prospérité des empires. »

D'autres poussant plus loin leurs conséquences, ajouteront : « Nous devons donc » repousser de tout notre pouvoir celle dont » l'inflexible sévérité jette des craintes con- » tinuelles dans les consciences, et qui se » trouve elle-même en contradiction avec » des lois politiques, reconnues nécessaires » par la sagesse du prince. »

Peut-être pousseront-ils plus loin leurs argumens, et attaquant corps à corps l'historien qui prouve la supériorité de la religion catholique sur toutes les autres, et la nécessité de s'y rattacher pour le repos des peuples et la sûreté des trônes; peut-être l'accuseront-ils d'intentions perfides et coupables.

Mais leurs traits envenimés tomberont émoussés, devant la vérité qui leur dit :

« Votre haine, vos persécutions, vos in- » quiétudes, vos alarmes, sont des preuves » nouvelles, en faveur de la religion que » vous voudriez vouer au mépris des hom- » mes. D'où vient cette agitation, si ce n'est

» du trouble de vos consciences ? Ni la parole royale, ni les sermens de ceux qui » n'y ont jamais manqué, ni les lois les plus » positives, ni les concessions du pouvoir » ne peuvent rendre le calme à vos esprits » égarés. Vous ne voyez pour vous de garantie, de stabilité que dans la ruine et » la destruction de tout ce qui vous porte » ombrage. Ceux qui vous pardonnent, ne » font qu'aiguiser votre haine, et armer » vos bras pour la vengeance.

» Et pourquoi? parce que le doute que » vous avez dans le cœur, sur toutes les religions, est la source de vos craintes et de » vos frayeurs, parce qu'aucune d'elles ne » peut apporter aucun soulagement aux » maux intérieurs qui vous travaillent. Loin » de stimuler vos consciences, elles cherchent à les endormir dans une parfaite » sécurité ; mais c'est envain. Leurs efforts » et les vôtres se perdent dans d'inutiles » débats ; votre agitation dure et durera » autant que le doute qui vous tourmente » et qui vous conduit à désirer le néant. »

XL. Que conclure de cet état déplorable

des ennemis de la religion catholique? Nécessairement il faut en tirer la conséquence que toutes les religions, façonnées par l'orgueil des hommes, se nourrissant de fiel, ne peuvent donner le repos à un peuple agité. C'est ce que prouvent les leçons de l'expérience, comme aussi elles confirment que celle-là seule qui aiguillonne les consciences, pour sonder leurs plaies et sûrement les guérir, peut lui rendre un calme, inutilement cherché partout ailleurs.

XLI. Tant d'agitation prouve encore ce que j'ai indiqué plus haut, que des lois en contradiction avec la religion, inoculent à la société un germe de dissensions inextinguibles.

XLII. Mais à cette proposition, j'entends la malignité prononcer anathème sur ma tête, et conjurer par ses cris les foudres de la vengeance. Eh bien! je les invoque moi-même, si l'écrit comme les intentions qui l'ont dicté, ne sont pas aussi purs que la lumière.

XLIII. Je sais ce que de graves circonstances qui ont amené un bouleversement général de la société, qui ont déplacé les fortunes, dépouillé des familles, pour enrichir d'autres, ont d'impérieux et peuvent commander à la sagesse et à la politique d'un souverain. Je sais que de grandes injustices, consacrées par un long cours de temps, peuvent être irréparables; que la tranquillité de l'état peut demander des sacrifices, et forcer de sortir des règles ordinaires.

Je le disais en 1815, je le répète aujourd'hui. Je ne puis donc qu'applaudir à la sagesse qui, comptant sur la fidélité et le dévouement des victimes, a voulu réconcilier les persécuteurs avec eux-mêmes. Je ne puis qu'applaudir à des lois qui, quoiqu'en contradiction avec la religion dominante, avaient un but si évidemment utile, but qui pouvait devenir moral et tourner au triomphe même de l'Eglise ?

XLIV. Mais je le demande, qu'a-t-on fait de ces mesures nécessaires, de ces lois si sages, pour le repos d'un peuple dont un grand nombre de ses membres, étrangers aux spoliations, a vu passer dans ses mains, des biens qui étaient devenus le gage de son existence toute entière.

Ces lois ont-elles diminué les alarmes? confirmées et reproduites sous plusieurs aspects divers, ont-elles pu satisfaire ceux qui, avec le doute dans le cœur, ne peuvent être rassurés sur rien? Leurs cris répondent sans cesse que tout ce qui est dans le domaine de l'homme est sujet au changement, qu'il n'y a rien de stable, qu'ils ne peuvent se fier aux promesses et aux sermens. Leur imagination leur peint sans cesse un terme fatal à leurs espérances, et ils n'attendent la conservation de leurs droits que des bouleversemens nouveaux dont ils menacent.

XLV. J'en conclus que ces lois, d'une prudence consommée, n'ont point atteint le but proposé, et que, quoique personne ne cherche à les enfreindre, elles laissent la société dans un état d'effervescence qui fait bouillonner un volcan prêt à faire explosion. Cependant était-il difficile de le prévenir et de l'éteindre dès sa naissance?

XLVI. Si les destinées de la France eussênt permis qu'au lieu d'un ministère philosophe qui efface le nom de Dieu du code des lois, du temple de la justice, des hommes religieux et habiles eussent été appelés à cicatriser les plaies de l'état; sans doute, les contradictions de la loi, commandées par la nécessité, eussent été une occasion éclatante de faire briller la puissance de la religion sur des cœurs fidèles et éprouvés.

Sait-on jusqu'où peut aller le génie du christianisme?

Sait-on jusqu'où peut s'élever le cœur de l'homme, si on eût fait parler sa voix persuasive et touchante? Sait-on ce qu'on aurait obtenu des victimes de la révolution elles-mêmes, pour le repos de la patrie? Au nom du Dieu des miséricordes qui commande le pardon et l'oubli des injures, que d'actes de désintéressement, de grandeur d'ame, de patriotisme eussent paru au grand jour! sans doute, parmi ceux qui vivent aujourd'hui dans les alarmes, un grand nombre eût sollicité l'honneur de s'associer à d'aussi nobles sacrifices. La France rendue à la religion, fière alors de ses pertes, se serait relevée plus grande dans ses malheurs que dans ses prospérités, et se glorifierait d'une réconciliation sincère entre ses enfans.

L'orgueil des ennemis de Dieu aurait pu s'effaroucher encore et rester insensible à un si beau spectacle, au milieu de l'admiration générale; mais l'arbre de la discorde eût été coupé par le pied; l'harmonie eût été rétablie entre les lois divines et humaines; les ministres de l'Eglise, aujourd'hui placés entre des devoirs contraires, loin d'être exposés à la haine et aux insultes, auraient repris un empire salutaire, auraient porté dans les esprits des consolations solides, reçues avec reconnaissance; et la confiance qui accompagne toujours des consciences tranquilles, eût rendu de l'activité à l'industrie de toutes les classes de citoyens.

XLVII. Mais ce n'était pas ce que voulaient les artisans de nos discordes, et ils n'ont que trop réussi à écarter toute idée de l'intervention de Dieu dans les affaires des hommes. Fondant la réussite de leurs attaques contre la religion sur les grands intérêts de la révolution, il fallait attiser les haines, au lieu de les éteindre, il fallait livrer à la risée publique les victimes de leur dévouement, et présenter comme impossible toute réconciliation entre des frères. Il fallait effrayer sur le retour du pouvoir des ministres d'un Dieu de paix. Il fallait, enfin, verser le poison des doctrines les plus antisociales.

On leur a tout permis; on en a même admis au partage du pouvoir. Qu'ils s'applaudissent de leurs triomphes !

XLVIII. Je n'ai point à m'en occuper ici, non plus que des événemens qui se préparent; et si j'ai parlé de leur inquiétude, de leur agitation, existantes au moment même de leurs conquêtes, c'est qu'elles établissent la vérité de la proposition qu'on aurait voulu peut-être incriminer, que, lorsque les lois sont en contradiction avec la religion, il n'y a point de bien à espérer.

XLIX. J'ai dévoilé, en justifiant mes intentions, mon ame toute entière. La question étoit trop importante pour la passer sous silence, et pour ne pas appeler particulièrement l'attention des souverains, sur une règle de conduite, qu'ils ne doivent jamais perdre de vue quand ils proposent des lois.

Cette histoire en présentera plusieurs exemples, et elle est si féconde en événemens remarquables, que, malgré la différence des temps, malgré la différence de l'état des personnes, elle retrace presque toutes les circonstances qui peuvent intéresser ceux qui sont à la tête des nations. J'espère donc que cet ouvrage que je dédie à tous les souverains de la sainte-alliance, leur offrira des sujets dignes de leurs méditations.

L. Mais cette ambition d'un foible mortel qui ose s'adresser aux dieux de la terre, ne sera-t-elle pas frappée du ridicule attaché à tant d'autres qui, à l'aide de l'anarchie régnant parmi les lumières du siècle, se permettent de régenter les rois, d'entrer dans leur conseils, sans y être appelés; de se faire, sans mission, les avocats des peuples; qui se permettent, en indiquant leurs prétendus besoins, de commander les mesures nécessaires à leur bonheur, et de menacer les trônes de la force populaire, si les rêves de leur imagination en délire, ne sont à l'instant même mis à exécution.

LI. Peut-être, sans m'en douter, je cède à l'influence de cet esprit du siècle qui, après avoir détruit le respect dû aux anciens, dû aux chefs des familles, dû aux chefs des états, nous montre les enfans ordonnant impérieusement à leurs pères, les élèves donnant des leçons à leurs instituteurs, que dis-je aux souverains même; des militaires parlant théologie, des prêtres prêchant la guerre et les combats, et des ministres hésitant au milieu de si doctes documens.

Quand il y a anarchie, l'homme le mieux intentionné, le plus respectueux, le plus soumis, peut être d'autant plus soupçonné d'y prendre part, que sa conduite est un contraste avec celle des personnes qui l'entourent; et lorsque son âge, l'épreuve d'une révolution sans exemple, l'habitude de la conversation silencieuse des savans de tous les siècles, l'application à des études sérieuses sembleraient devoir donner du poids à ses réflexions, il est exposé par l'esprit du siècle à devenir un objet de dérision.

LII. Je n'aurai que peu de choses à dire sur ce point pour ma défense.

J'aurais pu paraître aujourd'hui avec le vernis d'impartialité qu'on m'accordait en 1815, si je ne tenais à l'honneur, que dis-je, si le bon sens, l'amour de mon pays ne me commandaient impérieusement de me montrer à la suite des illustres défenseurs des doctrines monarchiques. Ce n'est pas parmi eux qu'on trouve les contempteurs des rois.

Si donc j'ose dédier cet ouvrage aux souverains de la sainte-alliance, ce n'est point par un sentiment d'orgueil, ou par cet esprit de confusion qui fait oublier toute convenance.

Les réflexions les plus profondes ont motivé ma détermination.

LIII. Pendant que les valeureux athlètes de la religion, s'élançant sur la brêche, combattaient avec courage ses ennemis, je sentais, tout en applaudissant à leur zèle, l'insuffisance des paroles et des écrits pour ramener à la raison des hommes égarés par de petites vanités et de grandes passions. Pendant qu'alarmés par l'invasion des idées libérales, déplorant les crimes qu'elles enfantent, ils offraient un tribut d'éloges aux magistrats d'une nation voisine, qui, osant encore se dire chrétiens, ont condamné un blasphémateur du nom de Dieu ; j'apprenais dans le silence de la retraite, que les principes professés par ces juges, comme ceux du coupable, laissent la religion à la merci du caprice des hommes; que les conséquences tirées par Carlisle des doctrines même de ses accusateurs, doivent avoir un jour un plein succès; que si l'indignation, excitée par un crime jusqu'alors inoui, avait fait prononcer une condamnation, le temps qui affaiblit tout, doit la faire considérer à une autre époque, comme une injustice chez un peuple qui, jouissant de la faculté de raisonner sur la révélation, a presque autant de croyances différentes que d'individus.

Aussi pendant qu'on assurait à la Grande-Bretagne de longues destinées, à cause de cet acte éclatant de justice, elle se présentait à mes yeux, nourrissant dans son sein, le germe de destruction qui lui apparaissait pour la première fois et la faisait reculer d'horreur; elle me paraissait caressant le tigre qui doit la déchirer un jour.

LIV. A la vue des dangers inévitables qui menacent le gouvernement le plus fort, le plus vigilant, par l'effet de la licence des croyances religieuses; quelle confiance peuvent avoir en eux-mêmes, pour leur conservation, les autres états de l'Europe qui renferment les mêmes symptômes de destruction?

Dans la crise effrayante où elle se trouve, tous les souverains sur leur trône, semblables au Laocoon, sont enlacés dans les replis tortueux du serpent révolutionnaire. Ils entendent les cris lamentables de leurs enfans, prêts à expirer dans les étreintes du monstre. Leurs formes athlétiques le menacent encore du regard de la vengeance. Mais briseront-ils ses anneaux, serrés autour de leurs membres affaiblis, ou succomberont-ils, comme l'athlète de la fable, au milieu des tourmens les plus affreux ?

Ses anneaux sont toutes les fausses doctrines de l'irréligion et de l'athéisme. Elles se composent de tout ce qui attaque l'autorité divine, et par une conséquence nécessaire toute autorité sur la terre.

LV. Remontant aux causes, nous trouverons que la faute en est aux rois régnant dans le seizième siècle; je veux dire aux rois qui, par un aveuglement surnaturel, ont voulu se soustraire à la dépendance de l'Eglise, et lui arracher sa suprématie spirituelle. Pour parvenir à ce but, à la fois orgueilleux et insensé, ils ont fait alliance avec les nouveautés des réformateurs. La soumission de ceux-ci qui avaient besoin de protection, leur a long-temps caché les dangers de leurs doctrines.

LVI. Tant que la religion catholique, dont le pouvoir vient de Dieu lui-même, suivant la révélation, a été respectée dans les grands royaumes dont la force et la stabilité étaient une garantie pour les états plus faibles, les sectes de la réforme, égarées par un faux zèle, mais contenues dans des bornes par ce zèle même, ont pu croître à l'ombre de la puissance tutélaire de l'Eglise, leur mère abandonnée. Elles ont pu suffire alors au maintien de l'ordre, et conserver l'apparence de la morale nécessaire à la tranquillité des peuples; mais les souverains n'ont pas vu que l'existence de leurs trônes n'était plus que précaire. Ils n'ont pas aperçu qu'ils devaient encore leur repos à la force de l'autorité dont ils s'étaient affranchis. Endormis par ce calme trompeur, emportés par leur haine pour ce qu'ils appelaient le papisme, bien loin de mettre des bornes à la révolte de l'esprit humain contre l'autorité de Dieu, ils en ont favorisé les progrès.

LVII. Leurs successeurs, élevés dans les mêmes sentimens, engagés dans l'alliance contre l'Eglise, n'ont pu se refuser à entrer dans celle que leur offrait la fille de la réforme, la philosophie moderne. Lorsque leurs efforts combinés ont réussi à verser le poison de leurs doctrines jusque dans le cœur des états catholiques, la France, cette clef de la voûte de l'ordre social en Europe, séduite par leur système d'indépendance, ébranlée jusque dans ses fondemens, n'a plus offert de digues à leurs débordemens.

LVIII. De l'écume de leurs flots orageux est sortie toute armée, la souveraineté des peuples; et les rois, au lieu d'attendre leur juge dans le ciel, en ont trouvé un implacable sur la terre.

LIX. La lutte est établie entre le ciel et la terre, entre la souveraineté de Dieu et la souveraineté des peuples. Tel est le fruit d'une doctrine erronée, que la première concession qu'elle obtient, l'entraîne à vouloir le triomphe de toutes ses conséquences.

Les ennemis de la religion catholique, parvenus au point de n'avoir plus besoin de masque pour déguiser leur but, ne craignent plus de confondre dans leur haine les sectes chrétiennes, leurs anciennes alliées. Comme les Titans, ils s'attaquent au ciel même; c'est Dieu qu'ils veulent détrôner.

LX. Forcé par ces considérations de reconnaître que toutes les doctrines pernicieuses dont est infectée l'Europe, prennent leur source dans l'abandon de la religion catholique, j'ai été conduit par les faits de l'histoire à élever une si haute question que les rois seuls peuvent l'apprécier ou la résoudre, et je la soumets à leurs méditations.

LXI. En voyant, dans les siècles reculés que je parcours, la religion catholique triompher de toutes les hérésies, à l'instant même de son établissement en Europe; en la voyant, par ses principes invariables, fonder et coordonner l'étonnant empire de Charlemagne, il était impossible de ne pas se convaincre de sa supériorité sur toutes les aberrations des hommes.

LXII. Et j'en appelle à tous les ministres de bonne foi dans toutes les sectes chrétiennes. Si la catholicité venait à disparaître, peuvent-elles subsister? Déjà plusieurs ont publié leurs pensées; en sondant les imperfections de leurs croyances, ils sentent qu'elles n'ont de ressource que dans leur retour sincère et leur soumission à l'Eglise romaine, qui, inébranlable dans son institution, est l'ancre de miséricorde, offert aux souverains pour le salut de leurs trônes, dans la crise générale qui les attaque.

LXIII. Les rois peuvent être encore les arbitres entre Dieu et les hommes, pour faire pencher la balance dans le combat des doctrines.

LXIV. J'élève donc la question de savoir, si le moment de la lumière n'est pas venu pour les engager à consulter avec les ministres de leurs sectes, sur les moyens de se réconcilier avec le chef visible de l'Eglise.

Quelque soit le débordement des fausses doctrines, quelque soit la haine de l'irréligion, l'exemple du souverain est tout puissant sur les peuples. Les erreurs abandonnées, ne trouvant plus l'appui de l'autorité, retomberont de leur propre poids, après d'inutiles efforts, dans l'oubli et le néant.

C'est à eux à peser, dans la crise religieuse où l'Europe entière est engagée, si leur religion est assez forte, pour ramener le calme dans leurs états, ou s'il n'est pas absolument nécessaire de chercher la force où elle est, dans l'autorité divine.

LXV. Sur cette question, l'histoire que je présente est éminemment instructive. On voit comment l'Europe payenne ou arienne est devenue catholique. On voit tantôt le concours des peuples, tantôt le consentement des prêtres payens ou hérétiques, tantôt la volonté des rois, opérer l'œuvre de la conversion des nations.

Elle peut donc donner des lumières et fixer les idées sur les moyens que peuvent permettre les diverses formes de gouvernement pour parvenir à un but si désirable.

LXVI. Les matières m'ont entraîné beaucoup plus loin que je ne pouvais prévoir. Je réclame à cet égard de l'indulgence ; mais elles sont si importantes, qu'il m'a été impossible de ne pas céder au besoin de développer des vérités utiles. Par la grandeur du but que je viens d'exposer, on peut juger quelle est mon impatience et mon désir de voir cet ouvrage couronné de succès.

Le point d'utilité ne peut échapper aux regards des hommes même les plus prévevenus; car il ne peut y avoir d'union dans les sociétés, que par la conformité des sentimens et des croyances. C'est elle qui fait naître la confiance si nécessaire à toutes les transactions de la vie entre les hommes, à tous les rapports entre les sujets et les gouvernemens, sous quelque forme qu'ils soient institués. Au contraire, les différences d'opinions religieuses, attaquant les sociétés dans leur base, entraînent les discussions, les méfiances, les haines, et enfin les désordres.

Il sera donc difficile de refuser à cet ouvrage le mérite de l'utilité; mais j'avoue que j'ai besoin de l'accueil et des avis du public pour donner la suite de cette histoire. Presque tous mes matériaux sont prêts, pour tracer la marche de l'esprit des peuples de l'Europe, à travers les siècles qui se sont succédés jusqu'à l'époque où nous nous trouvons. Dans un assez court espace de temps, je pourrais refondre ce qui n'est qu'ébauché, et je ne désespérerais pas de mener cet ouvrage à fin; mais l'immense travail que demande la réunion de ces matériaux, pour les présenter dans un cadre agréable aux yeux des lecteurs, est bien capable de faire reculer d'effroi, si l'essai que je leur soumets aujourd'hui, venait à tromper mon espérance.

J'avoue que si mes efforts, pour rendre cette histoire intéressante, sont jugés trop au-dessous du sujet, pour mériter qu'elle devienne classique et à l'usage de la jeunesse; si ma manière de considérer les événemens humains pouvait ne paraître aux chefs des états et à ceux de l'instruction publique que les rêves d'un homme de bien, les jouissances que j'ai éprouvées à l'écrire, ne seraient plus suffisantes pour me déterminer à suivre un travail aussi fatiguant. Tant qu'on est soutenu par l'espoir d'être utile, rien ne coûte à celui qui n'a point d'autre ambition; mais quand l'expérience vient lui apprendre qu'il a perdu sa peine et son temps, quand l'illusion du bien s'est évanouie, quel courage pourrait lui rester encore, pour s'enfoncer dans des recherches pénibles, minutieuses et sans but?

Ce n'est pas que si mes contemporains dédaignent mon travail, je perde la confiance qu'un jour viendra où il paraîtra utile; ce n'est pas que si mon style et mon récit ont le malheur de ne pas obtenir les suffrages d'un public éclairé, je ne conserve l'espérance, qu'un homme plus habile, en s'emparant de l'idée mère qui domine tout l'ouvrage, parviendra à vaincre les difficultés que je n'aurais pu surmonter, et remplira le dessein que je m'étais proposé.

Oui, je le répète avec confiance, si je n'ai pas moi-même le bonheur d'offrir au public un écrit agréable et instructif à la fois, un autre viendra après moi, bâtira sur le même plan et sera mieux accueilli. J'ai la consolation de penser que, quelque soit la chance du jugement qui m'attend, ma vie n'aura pas été totalement perdue, et que la société en retirera quelque avantage. J'aurai toujours la satisfaction d'avoir ouvert la carrière à des esprits plus élevés et plus capables de traiter un sujet aussi vaste, et qui, peut-être, sans la rencontre d'un édifice imparfait, n'auraient jamais songé à en construire un plus beau sur les mêmes fondations.

Mais on doit sentir que ces motifs d'espérance et de consolation, qui ont jusqu'à présent fortifié mon audace, contre tant de sujets de crainte, seraient sans force si mon incapacité était démontrée à mes yeux par un cri public, par les critiques des amis de l'ordre comme par le mépris des ennemis de Dieu. La suite de cette histoire est donc subordonnée à un succès.

LXVII. Je n'entrerai point dans le plan de l'ouvrage, dont j'ai fait l'objet d'un discours préliminaire. On verra que je ne me suis occupé ici que de la première époque de l'histoire moderne. Me voici enfin parvenu au dernier terme; il ne me reste plus qu'à indiquer les sources d'où cette histoire est extraite, et à donner la nomenclature des ouvrages et des auteurs qui m'ont servi plus particulièrement de guides.

Tacite, de Mor. Ger. — Commentaires de César. — Procope, *de Bello Gothorum*. — Cassiodore. — Sidonius Apollinaris. — Code Théodosien. — Code Justinien.

Les jurisconsultes et les commentateurs du code les plus

renommés, Cujas, Barthole, Ferrière, Grotius, etc., etc. Dumoulin, *de Monarchiâ francorum.*

Mémoires de l'Académie des Inscriptions.

L'Art de vérifier les Dates.

Histoire littéraire par Dom Cellier.

Collection générale des Conciles, ou *Sacrosancta Concilia ad Regiam editionem exacta ; apud Colet.*

Les Vies des Saints. — *Gregorius Turonensis.*

Recueil des Historiens des Gaules et de la France, par Dom. M. Bouquet.

Historiæ Francorum scriptores, cum epistolis regum Ducum Abbatum, etc., apud Duchesne.

Instit. au Droit eccl. par Fleury.

Histoire eccl. par Fleury. — *Historia eccl. natalis Alexandri.* — Histoire eccl. et civile de Lorr. par Dom Calmet.

Baluze ou *Capit. Regum francorum*, et *Marculphi monachi et aliorum formulæ veteres cum notis doctissimorum virorum.*

Hincmari remensis opuscula et epistolæ. — *Eginardi Annales, et Epistolæ, etc.* — *Codex Carolinus.* — *Annales Fuldenses.*

Montesquieu. — Mézeray. — P. Daniel. — Pt. Hénault. — Boulainvilliers. — Mably. — Abbé Millot. — Abbé Lenglet. — Gaillard, etc., etc.

Discours de Moreau sur l'Hist. de France. — Recherches de Pasquier. — Glossaire de Ducange. — Variations de la Mon. franç., par Gauthier de Sibert.

Hist. de Puffendorf. — Hist. génér. d'Allemagne, par le P. La Barre. — Abrégé chron. de l'Hist. et Droit public, par Pfeffel.

Chronique de Fredegaire. — Paul Diacre. — Jornandès

rerum Italicarum scriptores, etc., apud Muratori. — Hist. d'Italie par St.-Mars, etc.

Coronica general de Espagna por Florian do Campo. — Idem *por Moralès. — Corona Gothica por Dom D. J. de Ferreras. — Espagna Sagrada por Floret. — Historia critica de Espagna por D. J. F. de Masdeu.* — Hist. d'Espagne par Mariana. — G.B. Depping, etc., etc.

Bedæ Hist. eccl. gentis Anglorum. — Bedæ Epistolæ, etc. — Concilia, Constitutiones decreta in re Ecclesiarum orbis Britannici, apud Spelman. — Glossaire de Spelman. — *Selden's notes collected by Bacon. — Historiæ Britannicæ, Saxonicæ, etc., scriptores, Ingulf, Higden, Wallingford, Malmesbury, Aedelwold, etc., apud Thom. Gale.*

Wilkins, Leges saxonicæ, or Collection of the Laws of Ethelbert King of Kent et Ina King of the West Saxons. — An Historical wiew of the english governement by J. Millar.

History of great Britain, under the conquests of Saxons, etc., by J. Speed. — Hist. of G. B. by Robert Henry. — Brady's complete History of England. — Hume. Smollett, etc., etc.

Enfin beaucoup d'auteurs modernes, entr'autres Ferrand, Ancillon, Bonald, de la Mennais, etc., etc.

DISCOURS PRÉLIMINAIRE.

Souvent on attribue à une sagesse profonde des hommes, les résultats de certaines circonstances imprévues, où d'autres ne voient qu'un hasard aveugle. Cependant dirigées d'une manière invisible par la permission de la Providence qui tantôt prête aux souverains la force de sa volonté constante et immuable, tantôt répand dans leurs conseils un esprit de vertige, ces circonstances ne naissent que pour un but fixe et invariable. L'étude de ces résultats qui présente une vaste matière à la méditation, et de brillans matériaux à l'histoire, détruit tout le prestige des illusions, et montre à découvert le véritable mérite de ceux que Dieu emploie dans sa colère ou dans sa bonté, pour la poursuite et l'accomplissement de ses éternels desseins.

Presque tous les grands bouleversemens du monde peuvent se rapporter à une cause religieuse. Avec quelle profondeur, l'immortel auteur de l'Histoire Universelle (1) nous peint la grandeur des Romains, et cette réunion de tant de nations autrefois étrangères les unes aux autres, sous une même domination ; réunion si nécessaire, à l'époque où la Providence allait faire briller, aux yeux des hommes, l'éclat de sa morale toute divine. Quoi de plus imposant, quand il nous montre les peuples attachés encore par leurs passions, à leurs faux dieux, aux prétendus auteurs de leur gloire, luttant, avec les armes du mensonge et de la calomnie, contre la patience des saints ; désabusés ensuite des folies séduisantes du paganisme, incertains, cherchant de nouvelles lumières, et prêts à recevoir la loi nouvelle qui devait dissiper leurs ténèbres, et fonder l'empire de l'esprit sur la matière ? Aussi avec quelle rapidité miraculeuse voit-on la religion chrétienne envahir le domaine des conquérans du monde, malgré

(1) Bossuet.

tous les obstacles d'une persécution qu'elle sait faire tourner à son agrandissement.

Les souverains de l'Europe, de l'Asie, de l'Afrique, vaincus par la vérité, reconnaissent eux-mêmes le souverain de toutes choses. La religion triomphante et protégée brille pendant des siècles de toutes les vertus. Mais l'heure marquée par les prophètes, pour la destruction de la nouvelle Babylone, approche. Rome, cette Rome si fière, qui a commandé à tant de rois, tombe sous les coups des nations barbares : ses provinces sont envahies ; les peuples se disputent ses riches dépouilles. Dieu tout-puissant! qui arrêtera ces fléaux de l'humanité, ces ennemis de votre saint nom ?

Celui qui a donné au monde le spectacle étonnant de sa religion divine, fondée par le ministère d'hommes obscurs et sans éducation, au milieu des erreurs, des préjugés les plus antiques, dans le sein de l'empire le plus florissant, le plus distingué dans les sciences humaines, veut par un contraste non moins merveilleux, donner au monde étonné, un nouveau témoignage de sa puissance. Les ministres de sa volonté font entendre sa voix. Le flambeau de sa loi divine éclaire les ténèbres épaisses où ces nations barbares sont plongées. Ces vainqueurs des Gaules, ces maîtres des provinces romaines embrassent la foi des peuples vaincus. La religion, partout triomphante, civilise ces féroces conquérans, et jette un nouvel éclat; mais une partie de ses ministres, séduits eux-mêmes par l'appât des choses sensibles, fait naître, parmi ces peuples simples et grossiers, par l'alliance de l'ignorance et des lumières, un esprit de superstition qui couvre toute la surface de l'Europe convertie. Les passions intéressées à son règne, lui soumettent toutes les espérances. Tout paraît légitime aux ambitieux, qui croient pouvoir racheter leurs forfaits, par des donations aux églises, ou des fondations de monastères. Les lois divines, humaines ou barbares sont confondues, et agissant ensemble sur le cœur des hommes, elles enfantent aux yeux du monde les contrastes des plus grands crimes et des plus hautes vertus.

Les uns et les autres deviennent pour le clergé une source abondante de richesses et de puissance. La parole du Roi des rois, avidement écoutée, devient l'arme la plus subtile dans les mains d'hypocrites corrompus et ambitieux. Les trônes, dépouillés de leur splendeur, restent isolés et sans force, exposés aux attaques de ceux qui sont riches des libéralités des souverains; l'autel ne leur sert plus d'appui. Des ministres de la religion, énorgueillis de leur puissance, assis au rang des grands du monde, se rendent les arbitres de tous les droits. Cependant pour leur instruction, la colère de Dieu s'appesantit sur les nations. Déjà le berceau de l'église est tombé dans les mains des infidèles.

Leçon terrible, mais perdue pour l'Europe! Les passions déchaînées soufflent partout l'ardeur des combats, et menaçent de replonger la chrétienté dans les ténèbres. L'usurpation s'asseoit sur les trônes les plus puissans.

Mais la Providence qui a promis à son peuple un règne éternel sur les nations, se joue de toutes ces passions des hommes, pour parvenir à ses fins, et fonde au milieu de ces bouleversemens l'empire temporel de son Eglise triomphante.

Epoque de Charlemagne. — Alors paraît un roi zélé pour la gloire de Dieu, fort de la force de sa volonté. Tout cède à ses armes victorieuses. Rome, sa conquête, reçoit de lui les papes pour souverains; et cette ancienne maîtresse du monde devient la capitale du monde chrétien.

Le front de ce grand monarque est couronné du diadême des Césars. L'ordre renait sous ses lois, le règne du Christ est étendu, les mœurs du clergé corrigées. Les efforts de son génie soutiennent encore après lui l'empire chancelant dans les faibles mains de ses successeurs, jusqu'à ce que les pasteurs de l'Eglise, étonnés eux-mêmes de leur pouvoir sur l'esprit, osent se déclarer juges souverains des rois. Alternativement, jouets, instrumens ou victimes des passions humaines, séduits par la possession des biens temporels, ils ne craignent point d'agiter tous les peuples pour le triomphe de leurs prétentions dans les investitures, et ils nous montrent le triste spectacle d'une ambition mondaine qui foule aux pieds toutes les lois de la divine morale, et qui convertit la lumière en ténèbres, pour cacher le veau d'or auquel elle sacrifie, sous le nom de la Religion sainte. Un schisme enlève à l'Eglise une partie de ses enfans; les empires sont renversés; les générations se pressent, par les guerres, dans la nuit des tombeaux. Le plus monstrueux système d'usurpation répand son voile funèbre sur toutes les parties de l'Europe. Des convulsions sans cesse renaissantes livrent des générations et des siècles aux ténèbres épaisses de l'ignorance; les monumens du peuple-roi disparaissent ou sont oubliés dans les désordres. Les souverains nouveaux, chancelans sur leurs trônes, cherchent, dans les foudres de l'Eglise qui les menacent, un appui que leurs vassaux insurgés implorent à leur tour. Le désordre est à son comble. Le bien et le mal sont confondus; rien n'est respecté sur la terre, excepté par le peuple victime, docile à la voix de quelques pasteurs encore fidèles qui conservent, dans le silence, le feu sacré qui doit briller de nouveau sur cette terre malheureuse.

Malgré tant de désordres apparens, le règne du Tout-Puissant ne peut être méconnu. Son nom glorifié sur la terre est dans toutes les bouches, son amour dans la plupart des cœurs. Aussi l'instant approche où il va manifester sa gloire et son empire.

Epoque des Croisades. — Le zèle de quelques hommes saints, inspirés de Dieu, arme cette fureur guerrière de l'Europe, pour la punition de tant de crimes. La voix de leurs frères gémissans sous le joug des infidèles est parvenue jusqu'à eux. Ils voient les lieux sanctifiés par les souffrances du Christ, souillés et prophanés par les ennemis de son nom. L'étendart de la croix est dressé et appelle les vengeurs du Très-Haut. Les rois intéressés à accepter une trève avec leurs vassaux rebelles, secondent leurs efforts. Les peuples d'Occident, semblables aux vagues d'une mer en courroux, vont expirer sur les rives de l'Orient. De ce choc effrayant, la religion tire un nouveau lustre. Un royaume se fonde sur les lieux saints. Les nuages d'une aveugle superstition s'éclaircissent, la piété s'épure ; les monumens de l'ancienne civilisation se recouvrent. En vain des chefs ambitieux de l'Eglise veulent conserver l'empire du temporel sur les puissances de la terre. Un roi (1) plein de l'esprit de Dieu, fort de sa justice, n'agissant qu'en son nom et pour sa gloire, pose avec la volonté divine, les limites des deux puissances. Reconnaissant la souveraineté des papes dans les affaires spirituelles, il veut exercer le pouvoir qu'il tient de Dieu seul, diminue celui de ses vassaux, se rend l'arbitre et le juge des différens de ses peuples ; le sort des sujets est adouci, et un si grand exemple suivi par ses successeurs, donne une nouvelle face à son royaume; l'Europe entière en éprouve une influence salutaire. Les trônes des rois s'affermissent ; le goût des sciences, des belles-lettres s'introduit dans la société. Les universités s'établissent.

(1) Saint Louis.

Les souverains, moins inquiets sur les rivalités de leurs vassaux, s'occupent à faire fleurir leurs états. Mais tantôt l'ambition des princes, tantôt les intérêts du sacerdoce précipitent les nations dans des guerres nouvelles; les savans de l'école se livrent à un autre genre de cómbats, plus dangereux pour l'Eglise. Le clergé, oubliant la simplicité des apôtres, le mépris des richesses, maître de trésors accumulés, se peuple partout d'ambitieux. Les papes environnés d'une cour brillante, au lieu de se borner au rôle de médiateurs de la chrétienté, et d'arrêter dans leur naissance des doctrines opposées à la religion, s'abandonnent aux intrigues de la politique, arment et combattent pour des intérêts temporels.

Aussi le jour de la vengeance de Dieu approche. Déjà pour avertir son Eglise, sa main s'est étendue sur les enfans rebelles, séparés de son sein. L'empire grec est tombé dans la servitude des infidèles; et dans sa colère, pour ramener l'homme à ses voies, lui faire sentir toute sa faiblesse, il détourne ses regards des ministres de sa religion, les livre à eux-mêmes, à leur orgueil, aux passions humaines.

Epoque du Protestantisme. — L'Eglise elle-même s'arme contre l'Eglise, et les adorateurs d'un seul Dieu, soumis à la même foi, sous le prétexte d'une réforme contre les abus, s'entretuent, pour donner aux ministres d'un Dieu de paix la possession des mêmes richesses qu'ils s'envient. Le Père commun des fidèles, le vicaire du Christ est méconnu d'une partie de ses enfans. L'empire de l'esprit se partage : des peuples, égarés par les nouveautés, croient contempler dans leur souverain temporel, ou dans des prêtres séparés du chef visible de l'Eglise, les vrais successeurs de leur législateur divin.

Cette erreur s'enveloppe dans des discussions opiniâtres sur des dogmes insolubles à la faible raison des hommes, fondés sur des articles de foi, et sur la puissance de celui qui a tout créé. L'esprit d'irréligion, protégé par des potentats intéressés à détruire l'empire sur les consciences, et à s'approprier les richesses des églises, se pare de l'apparence de toutes les vertus, et séduit les peuples par l'abandon de quelques pratiques religieuses, pénibles à l'orgueil de l'homme, mais salutaires à ses passions. Pour asseoir son triomphe, et détourner la vue du principe d'unité de l'Eglise, ce véritable point de difficulté, l'esprit d'orgueil travaille, veut soumettre la puissance de Dieu à la démonstration, au calcul ; il attaque par l'arme du ridicule toutes les vérités reçues, et se croit prêt à détrôner le chef visible de l'Eglise, dont les ministres autrefois persécutés, aujourd'hui armés de la puissance, deviennent persécuteurs.

De ce choc des passions naissent, de nouveau, les guerres les plus sanglantes. Les peuples infidèles à la loi de leur dieu, deviennent rebelles à leurs princes. Des souverains révoltés contre leurs pasteurs, sèment dans leurs états l'ivraie à la place du bon grain; les fruits qu'il porte sont la discorde, l'esprit d'indépendance, les guerres intestines, la chute des trônes.

Si la lassitude des peuples fait tomber les armes des mains des deux partis, si la politique, dirigée par la sagesse humaine, réussit à enchaîner les haines, les animosités, les vengeances, ce n'est qu'une trève que la Providence accorde à son Eglise, pour engager ses ministres à revenir à lui, dans la simplicité de leurs cœurs, à quitter les vanités du monde, à prêcher par l'exemple des vertus. Mais les cœurs accoutumés aux soins, aux inquiétudes des richesses, amolis par les jouissances, endurcis dans l'opulence, ne peuvent se détacher des liens qui les retiennent. En vain dans un siècle où tout est grand, sous un monarque puissant (1), toujours suivi de la victoire, protecteur de la religion, les plus savans docteurs, dignes émules des saints pères du premier âge de l'Eglise, font entendre les vérités les plus terribles et les plus touchantes. En vain quelques pasteurs vertueux sanctifient leurs troupeaux par leurs œuvres. Pendant ce calme trompeur, l'impiété tantôt mine sourdement leurs travaux, tantôt plus hardie déclare la guerre à Dieu même. A la vue de

(1) Louis XIV.

ces attentats, à la vue de l'indifférence de ceux qui se disent encore ses serviteurs, la coupe de la colère du Tout-Puissant se remplit, et se répand sur toute la terre.

Satan est déchaîné. On dresse autel contre autel. La véritable Eglise, presque dépouillée de ces biens qui faisaient son orgueil, de ces biens consacrés à Dieu par la piété des fidèles, est frappée de plaies et de terreur. Le sang des bons pasteurs coule pour leurs brebis errantes, dispersées, livrées aux mains des mercenaires. Les trônes de l'Europe sont ébranlés. Des rois tombent victimes sous le fer assassin des bourreaux. La rage de l'impiété cherche et fait partout des martyrs. Nageant dans des flots de sang, pour la punition de ses crimes, elle tourne sa fureur contre elle-même. Des générations disparaissent : vertu, honneur, probité ne sont plus que de vains noms pour la plupart des hommes. Les sophismes d'une philosophie, ennemie de toute religion, obscurcissent les vérités les plus saintes. L'athéisme lève une tête altière. Le fléau de Dieu (1),

(1) Buonaparte.

sous le masque de l'hypocrisie, tendant une main secourable à la religion éplorée pour mieux l'écraser, l'anéantir, séduit les peuples et les pontifes, et reçoit l'onction sainte. Se disant l'oint du Seigneur, cette verge de Dieu, cet ange exterminateur pèse sur toutes les nations de l'Europe. Semblable à l'aigle ravissant, avec la rapidité de son vol, il porte du nord au midi la dévastation et la mort. Dans l'orgueil de son cœur, il déchire, de ses serres sanglantes, le masque qu'il a emprunté. La spoliation de l'autel est consommée : le chef de l'Eglise est le prisonnier des impies.

Mais la parole de Dieu ne passera pas. Dieu n'attend que la pénitence de ses serviteurs, pour ouvrir le trésor de ses miséricordes. L'excès des maux des peuples et des souverains, réveille enfin le zèle des lévites. Ils élèvent leurs cœurs épurés et leurs mains suppliantes, vers ce Dieu de bonté qu'ils ont si long-temps outragé. Le prestige des illusions s'évanouit. Les rois s'arment une fois pour la justice; et ceux qui méconnaissent le représentant du Christ sur la terre, concourent à conserver l'arche sainte. L'instrument de la vengeance divine se brise en un instant; l'empire principal qui a embrasé l'Europe entière, semble toucher au terme d'une destruction inévitable.

Rassurez-vous, restes fidèles d'une religion sainte, adorateurs du Très-Haut, le fils aîné de l'Eglise est protégé par une main invisible. Les vertus des saints rois, dont il est l'héritier, parlent aux cœurs des rois. Le peuple voit en lui seul le salut du royaume; et sauvé deux fois par un miracle, il rentre sous les lois de son légitime souverain.

Sans doute, la France aimée de Dieu, élue parmi les nations pour fonder l'indépendance du chef de l'Eglise, pour poser les vraies limites des deux puissances spirituelle et temporelle, la France est encore réservée par la Providence à d'impénétrables destinées. Malgré les attaques de l'impiété, son Eglise, toujours sous la discipline des successeurs de saint Pierre, sortira triomphante de tant d'épreuves. Comme l'or s'épure par le feu, il fallait sans doute que la religion négligée, profanée même par ses ministres, fût rendue à son institution primitive, au respect des peuples; que la séparation se fît des bons et des mauvais; que les dépouilles des trésors du monde ne couvrissent pas les trésors de ses saintes vertus. Aussi la Providence, irritée de l'impiété des hommes, mais non moins irritée du scandale de ceux qui se disaient ses serviteurs, a-t-elle permis que les fausses lumières de l'orgueil obtinssent les plus grands succès, pour montrer par l'amertume de leurs fruits, combien sont coupables ceux qui veulent élever leur raison au-dessus de ses divins préceptes, ceux qui veulent pénétrer les secrets de ses mystères, ceux enfin qui, n'écoutant que leurs passions, veulent méconnaître sa puissance. Elle a voulu, par les terribles leçons de l'expérience, préparer les esprits à revenir au joug d'un Dieu de paix, dont la morale peut seule nous consoler de nos maux, et nous offrir la perspective d'une félicité durable.

Il fallait sans doute après la révolte de l'esprit contre Dieu même, révolte qui, pendant des siècles, avoit été portée au délire, il fallait que l'excès des désordres montrât le danger et l'inutilité de tant de disputes interminables, que la tolérance des opinions religieuses pût disposer les souverains eux-mêmes à entendre enfin la voix de leur souverain maître.

Comme ce sont les rois qui sont institués par la Providence, pour diriger les hommes; comme ce sont les rois qui font leurs sujets ce qu'ils sont, par l'influence de leur exemple et de leur autorité, il fallait extirper de leurs cœurs les haines, les animosités enfantées par d'aussi longues discussions, et les réunir par le sentiment de leur malheur commun. Il fallait leur dévoiler par la chute des trônes et le supplice des rois, que leur rebellion contre sa loi divine suscite les peuples à la rebellion. Il fallait leur dévoiler, par la punition infligée à l'Eglise, que Dieu condamne l'ambition mondaine de ses ministres; que s'il veut son vicaire indépendant des puissances de la terre, pour diriger la foi de la grande famille chrétienne, il veut encore que ce chef unique de la croyance de tant de nations, reconnaisse aussi l'indépendance des rois sur les affaires du monde qui ne sont point de son règne, et qu'il rende à César ce qui est à César, comme à Dieu ce qui est à Dieu.

Quelles sérieuses réflexions ne doit pas faire naître dans leur esprit, l'étude d'une histoire si éminemment religieuse? Elle doit élever l'ame aux plus hautes pensées. Quel vaste champ offert à la méditation? Elle doit tout rapporter à l'Être suprême de qui tout émane, et sans la permission duquel rien ne peut arriver. Puisque les ténèbres du paganisme ont été dissipées, puisqu'un aveugle destin est justement repoussé par la croyance de tous les cultes chrétiens, nous devons donc croire que la Providence a un but dans les événemens miraculeux qu'elle produit, dans les événemens miraculeux dont nous-mêmes avons été témoins.

Sans chercher à sonder ses impénétrables décrets, ne pouvons-nous pas dire qu'il n'est guères de fin plus désirable, que la réunion de tous les cultes séparés de l'Eglise, et arrêtons-nous à cette consolante pensée.

Puisse la France que la Providence a si manifestement protégée depuis quatorze siècles; puisse la France dont elle s'est servie pour opérer des choses si grandes, si remarquables ; puisse la France devenir un jour la médiatrice de cette réunion, désirée de tous les adorateurs du Christ, dans le sein du chef unique qu'il a institué pour gouverner son Eglise! L'empire de l'esprit doit revenir à l'unité. Le successeur de saint Pierre doit représenter la divinité sur la terre. L'universalité de la morale sacrée doit être reconnue. Les souverains qui sont chargés du soin des gouvernemens du monde doivent ouvrir les yeux, et confesser que le dépôt de la foi de leurs sujets doit être confié au seul représentant de Dieu ; que leurs terreurs sur l'influence de Rome sont vaines ; et que pour leur bonheur, ils ne peuvent laisser l'esprit des peuples errer à l'aventure, au gré des chefs qu'ils lui donnent, sans exposer leurs trônes dans ce monde, et leurs ames dans l'éternité.

On n'a point encore envisagé l'histoire moderne sous un point de vue religieux.

On n'a jamais cherché la cause des événemens que dans les ressorts de la politique des cours. Cependant on ne peut se dissimuler que les affaires du monde se lient indubitablement à la continuité de la religion du vrai Dieu sur la terre. Le catholicisme, cette loi qui ne parle qu'au cœur et à l'esprit, entée sur la loi juive qui ne parlait qu'aux sens et par figures, doit être, comme l'ancienne loi, pour les peuples appelés à la pratiquer, l'objet de leur attention particulière, et considérée comme la cause principale des biens et des maux qui leur arrivent.

Ces réflexions nous ont conduit à penser qu'une histoire représentant la succession des temps, unie à la suite de la religion, devait être de quelque utilité.

Nous ne nous dissimulons pas que cette tâche est beaucoup au-dessus de nos forces; laïc et n'ayant sur les matières religieuses que l'instruction du cœur, il n'y a point de modestie à reconnaître notre insuffisance.

Néanmoins guidés par le sentiment de l'amour du bien, frappés des miracles opérés de nos jours par la Providence, dans le cours des événemens qui se sont passés sous nos yeux, nous n'avons pu résister au désir d'appeler l'attention de personnes plus capables, sur des objets d'une si haute méditation, en osant leur ouvrir la carrière.

Voir quels ont été les effets de la religion dans les grands changemens survenus dans les divers états de l'Europe; étudier la marche, les progrès, les revers des gouvernemens politiques et de celui de l'Église; chercher dans la série des siècles, l'influence des deux pouvoirs temporel et spirituel l'un sur l'autre, la suite des desseins de la Providence, leur liaison aux affaires humaines, tel est le but que nous nous sommes proposé dans cet ouvrage.

La politique et la religion sont réellement deux points inséparables dans l'histoire, depuis l'établissement du christianisme; ce sont deux pivots sur lesquels tout roule dans ce monde. Il n'est donc point indifférent de les traiter à part, ou ensemble; et l'examen des faits historiques des nations qui nous présentent les résultats de la volonté divine, peut donc utilement servir à notre instruction, soit pour diriger les hommes dans le rôle où ils peuvent être appelés par elle, soit pour ramener nos actions vers la fin que sa loi nous enseigne.

Trois époques religieuses nous paraissent plus particulièrement marquées dans l'histoire moderne de l'Europe, pour être celles auxquelles tous les autres événemens se rapportent.

1°. *L'époque de Charlemagne, ou la fondation de l'indépendance de l'Eglise.*

2°. *L'époque des Croisades, ou le règne du Christ sur la terre.*

3°. *L'époque du Protestantisme, ou de la révolte de l'esprit contre la Religion.*

L'histoire de la première époque nous montrera les derniers efforts du paganisme en Europe contre la religion; les progrès du christianisme au milieu de la férocité des guerres les plus sanglantes; la superstition des peuples, la corruption des ministres des autels, l'aveuglement des rois, la politique de ces siècles grossiers, la tendance de l'esprit des peuples et des institutions régnantes au système de la féodalité ; les attaques des délégués royaux contre l'autorité des monarques, l'empiétement des évêques sur l'administration du temporel des empires, enfin les voies admirables de la Providence, dans la distribution des graces et des châtimens, pour établir son règne parmi les nations les plus barbares.

La seconde époque nous fera voir les résultats d'un état permanent de guerres désastreuses ; la barbarie, l'ignorance modifiées par la puissance de la religion sur l'esprit des hommes ; la simplicité des peuples, leur soumission entière et celle des souverains de l'Europe au chef reconnu par l'Eglise ; les effets de l'orgueil des ministres du Très-Haut ; les barrières opposées par la volonté de Dieu à cet orgueil ; le retour à la civilisation ; les combats de l'autorité royale contre le système féodal ; l'esprit de chevalerie enfanté par l'alliance de la religion et des institutions politiques ; l'oubli des souverains pontifes dans la conduite des affaires spirituelles, leur ambition mondaine, et le règne paisible du Christ, malgré le soin de ses ministres aux choses de la terre.

L'histoire de la troisième époque nous présentera un nouveau tableau des gouvernemens de l'Europe ; la cause et les progrès de l'esprit de révolte contre l'autorité pontificale ; ses effets sur l'éducation, la morale, la littérature, les arts ; l'égarement des souverains et des peuples abandonnés par la Providence; les voies de Dieu pour ramener à lui ses ministres séduits par les choses sensibles ; l'endurcissement des nations et des pasteurs de l'Eglise, leur punition éclatante, produite par la révolution européenne, suivie jusqu'à la captivité du pape, et la restauration du trône légitime de France.

En dernière analyse, cette histoire doit établir, par les preuves de l'expérience, que les fautes des peuples sont toujours celles des rois, parce que Dieu ayant confié aux monarques la force et l'autorité, pour les diriger avec fermeté et justice dans la voie de ses commandemens, ils sont responsables à ses yeux des écarts où leur gouvernement et leur exemple les entraînent (1) ; elle doit établir encore qu'aucune institution ne peut offrir de garantie pour l'obéissance des sujets, si elle n'est assise sur les fondemens de la vraie religion (2) qui seule commande aux passions des hommes, qui seule peut mettre un frein à leur ambition, qui seule enfin offre de si riches compensations pour les légers sacrifices d'une vie, inévitablement soumise à la loi de mort.

La France, l'Angleterre, l'Allemagne, l'Italie, l'Espagne, dont l'histoire est plus authentique, seront plus particulièrement l'objet de notre étude et de nos observations.

---

(1) *Facilius est errare naturam, quam principem formare rempublicam dissimilem sibi.* — Cassiodore.

(2) *Nisi dominus ædificaverit domum, in vanum laboraverunt qui ædificant eam.* — Psaume 126.

INTRODUCTION.

Epoque de la chute de l'empire d'Occident jusqu'à la conversion de Clovis.

CHAPITRE Ier.

Démembrement de l'Empire romain. Etat moral des peuples de l'Europe.

ROME dans sa décadence, attaquée par les peuples barbares, ne pouvant soutenir elle-même le fardeau de sa grandeur, avait appelé au rang de ses alliés et de ses auxiliaires, les nations de la Germanie, pour lui servir de barrière et de défense. Etablies dans différentes provinces de l'Italie, des Espagnes et des Gaules, soumises à des chefs de leur nation et de leur choix, ces milices étrangères avaient vu les armées disposer de l'autorité souveraine, les gouverneurs se rendre indépendans, se revêtir de la pourpre romaine; et souvent elles avaient obtenu elles-mêmes des concessions de terre, et des commandemens, en sorte que plusieurs de leurs chefs, sous le titre de rois, élevés aux dignités de patrices, ou de consuls, exerçaient l'administra-

An 475.

tion, au nom de l'empereur, sur les sujets romains.

Mais lorsque la Providence eut frappé la ville de Rome de tous les fléaux, lorsque l'empire d'Occident fut éteint par la déposition de Romulus Augustule et par la conquête de cette maîtresse du monde, tous les peuples barbares, dégagés de leurs alliances, se trouvèrent souverains du territoire qu'ils s'étaient chargés de défendre.

C'est ainsi que le doigt de Dieu, en châtiant Rome de son orgueil, de sa corruption, de son long attachement à ses idoles, préparait les voies afin que sa religion éclairât les nations idolâtres, et se faisait un peuple nouveau, au milieu de ces peuplades vagabondes, féroces et ignorantes.

Les premiers reçus dans le sein de l'empire, les Goths, les Vandales, les Alains et plusieurs autres, ayant pénétré dans l'Orient, avaient puisé avec la connaissance du vrai Dieu, le germe des hérésies qui déchiraient l'Eglise. L'Espagne, la Gaule Narbonnaise soumises à leur joug, le royaume des Bourguignons, l'Italie ne voyaient sur leurs trônes que des princes Ariens (1).

Ces peuples, en naissant à la foi, semblables à

---

(1) Les Ariens niaient la divinité de J. C.

Ismaël, l'enfant de la concubine, chassé de la maison de son père, ces peuples hors de l'Eglise, égarés par de fausses lumières, devenus persécuteurs des vrais ministres du Christ, ne pouvaient plus servir aux desseins de la Providence, pour faire briller aux yeux des nations le flambeau de sa sainte religion. Mais les instrumens de sa volonté ne manquent jamais à sa puissance; et le Dieu d'Abraham qui avait fait naître, contre toute espérance, Isaac pour être le père de son peuple, avait marqué les Francs, pour les élever à la connaissance de son nom, pour propager la doctrine de l'Homme-Dieu, pour conserver la pureté de la foi, pour fonder son règne sur la terre.

Aussi, déjà la loi salique avoit consacré dans leurs usages, le mode d'hérédité à la couronne, autrefois ordonné par Dieu même au peuple qu'il s'était choisi.

CHAPITRE II.

Les Francs.

Les Francs (1) formés de la réunion de plusieurs peuplades barbares, les Saliens, les

(1) C'est ainsi qu'on nomme encore à Constantinople et dans tout l'Orient, les peuples de France, d'Allemagne et autres lieux du nord de l'Europe.

Ripuaires, les Bavarois, les Francs, les Allemands, et autres de la Germanie, offraient à l'époque de la chute de l'empire d'Occident, par leurs mœurs et leurs usages, à peu près le même spectacle que la Pologne montrait encore à l'Europe dans les derniers siècles : un roi élu dans une famille choisie et reconnue par des guerriers libres et appelés à délibérer sur les intérêts de la nation ; des assemblées connues sous le nom de *Champs de Mars*, où l'unanimité des votes était nécessaire pour la décision des affaires; des chefs nommés à vie par le roi, pour remplir les grandes charges du commandement, sans pouvoir les destituer; des chefs inférieurs, comme des juges nommés à temps par le roi; un peuple réduit à l'état de servitude, soit par l'effet de la conquête, soit par l'effet des guerres du temps des Romains; des villes soumises à des tributs par leurs capitulations particulières. Ces villes avaient conservé la liberté de leurs citoyens; mais étrangères à la nation conquérante, elles n'avaient d'autre part au gouvernement, que celle que leur laissait l'exercice de leurs assemblées municipales.

Chacun des Francs, despote dans la terre salique échue dans son partage, ne connaissait d'autre obligation que le service militaire.

Dans leur culte grossier, ils immolaient des victimes humaines sur l'autel de leurs idoles.

Leurs lois, simples comme celles de l'enfance, étrangères aux contestations, nées d'une longue possession, ne prévoyaient que les crimes de lâcheté, de fuite dans les combats, ou les violences d'un caractère indompté, et se bornaient à des compositions pour vols, outrages, blessures, ou homicides.

Chaque famille jouissait du droit de vengeance, du droit d'infliger la peine du talion, jusqu'au payement des deniers fixés pour éteindre des haines héréditaires.

Ces hommes tirés du rang des coupables, suffisaient pour apprécier les preuves, les témoignages, les sermens, et prononcer sur la vérité des faits. Sur leur déclaration, les juges, dans leurs assises, acquittaient ou condamnaient les accusés.

Les finances se composaient des tributs imposés sur lè peuple conquis, et du produit de l'immense héritage des domaines qui avaient cessé d'appartenir à l'empire.

CHAPITRE III.

Les Gaulois et les Romains.

Les Gaulois, les Romains plus instruits, plus civilisés que leurs nouveaux maîtres, déjà façonnés au joug des milices dont Rome avait imploré le secours, avaient borné leurs efforts à la conservation de leur religion, de leurs propriétés, de leurs lois et de leurs usages.

CHAPITRE IV.

Etat de l'Eglise dans les Gaules.

La religion chrétienne, les métropoles de l'église modestement dotées par les libéralités qu'avait autorisées l'empereur Constantin (1), voyaient à leur tête des évêques vénérables par toutes les vertus. Elus, suivant l'usage des premiers chrétiens, par le concours du clergé et du peuple, jusqu'alors confirmés par les empereurs, ils avaient été affranchis de cette dernière formalité, dans leur changement de domination; et si quelques-uns avaient pris part aux traités avec les barbares, pour la conservation des biens temporels de leurs églises, la plupart n'avaient d'autre ambition que de paître le troupeau du Seigneur, et de distribuer aux pauvres, et pour

---

(1) L'empereur Valentinien avait, par une loi rendue en 370, défendu aux clercs et aux moines de ne rien recevoir des testamens des femmes. Cette loi ne fut abrogée qu'en 455, sous l'empereur Marcien. Les donations des sixième et septième siècles prouvent que, dans le cinquième, les églises n'étaient pas encore riches.

sa gloire, les libéralités dont ils n'étaient que dépositaires.

Dégagés des soins d'une politique mondaine, ils étaient tout entiers aux fonctions de leur ministère, s'attachant à conserver la foi des apôtres, à maintenir la discipline, les mœurs des clercs soumis à leur juridiction, à étouffer les erreurs contraires aux dogmes, tandis que d'autres pasteurs, descendant par une chaîne admirable et graduée, jusqu'à la dernière classe des fidèles, leur portaient jusques sur le lit de misère, le pain de consolation, et les dépôts de la charité chrétienne.

Chargés du soin des ames, ces ministres de Dieu imposaient aux pécheurs les austérités les plus rigoureuses, le jeûne, la pénitence publique et les mortifications de la chair qu'ils pratiquaient eux-mêmes pour l'édification de leurs ouailles.

Les évêques, réunis en conciles ou synodes provinciaux, réglaient dans leur sagesse les intérêts, la discipline de l'Eglise, et donnaient des lois au clergé, connues sous le nom de Canons (1).

(1) Les clercs, sous les empereurs, étaient obligés de plaider devant les juges, soit pour le civil, soit pour le criminel, suivant les lois de Théodose. Mais conformément au concile de Calcédoine, tenu en 451, les évêques

L'état de mariage ne s'opposait point à l'élection d'un laïc à l'épiscopat, quand sa sainteté, l'étendue de ses connaissances, son dévouement au service de Dieu, avaient fixé sur lui le choix du peuple. Promu aux ordres sacrés, cet évêque n'hésitait point à se détacher des liens du monde, et sa femme, sensible à l'appel de la Providence, se consacrait ordinairement elle-même à son service, dans un monastère.

Le clergé inférieur (1) n'était pas obligé au célibat; et l'usage d'une femme tenue chez un clerc en mariage ou en demi-mariage, ne choquait point alors les lois de la continence, s'il s'abstenait de la pluralité des femmes, tolérée dans ce temps pour les laïcs.

---

des Gaules, réunis au concile d'Angers en 453, défendirent aux clercs de plaider devant les juges séculiers, sans leur consentement; et en 456, ils déclarèrent que les clercs ne pourraient être poursuivis et mis en jugement que devant l'évêque.

(1) J'entends par clergé inférieur, tous ceux qui, n'étant point encore élevés au sacerdoce, étaient engagés dans les ordres et attachés aux églises.

Les canons des Apôtres, en ordonnant la continence, avaient défendu le mariage des prêtres.

Mais comme les clercs inférieurs, engagés dans les liens du mariage, pouvaient cependant parvenir à la prêtrise, la discipline se trouva embarrassée, et vit naître des abus

Les bonnes œuvres, les aumônes du clergé, son détachement des biens de la terre, la sévérité de ses mœurs, l'avaient rendu cher aux fidèles sur lesquels il obtenait un crédit sans bornes, fruit de tant de vertus.

CHAPITRE V.

Etat civil des Gaulois et des Romains.

SOUS les Romains, les Gaulois n'avaient pas seulement joui de leurs assemblées municipales, pour discuter les intérêts de leur cités. Car Rome, éloignée des peuples soumis à sa domina-

---

lorsque les mœurs de la primitive Eglise commencèrent à se relâcher ; car les clercs mariés, parvenus à la prêtrise, conservaient leurs femmes auprès d'eux.

De là, variation dans la discipline. Elle défendit toujours le mariage des prêtres ; mais l'Eglise d'Orient toléra l'usage du mariage pour les clercs qui y étaient engagés avant leur ordination ou leur élévation à la prêtrise.

L'Eglise d'Occident, au contraire, conserva la discipline dans toute sa pureté, et continua d'exiger l'abstinence des femmes, non seulement pour les prêtres, mais même pour les diacres.

Nous devons remarquer qu'à l'époque où nous nous trouvons, la discipline en Occident étoit bien en vigueur, mais au milieu de nations barbares qui ne pouvaient comprendre cette loi de continence.

Aussi eut-elle beaucoup d'obstacles à vaincre. Nous

tion, pour faciliter leur administration, avait eu la politique de créer de grandes divisions de territoire, dont chacune avait aussi ses assemblées provinciales, composées des personnages les plus éminens, sous l'autorité d'un duc qui la commandait.

Les comtes chargés de l'administration civile, les préfets et les prêteurs chargés de celle de la justice, y étaient appelés.

Enfin ces diverses provinces députaient à un sénat, conseil né des lieutenans de l'empereur.

Cette hiérarchie administrative, judiciaire et militaire, fut détruite par la dissolution de l'empire; il n'y eut plus dans les Gaules que deux classes de citoyens; les hommes libres ou affranchis, et les esclaves ou serfs attachés à la glebe.

Cependant les Romains fixés et domiciliés dans les pays occupés par les Francs, retenaient encore quelque chose de cet ancien respect qu'inspirait le nom romain. C'étaient eux qui, abandonnés par l'empire, avaient, à la tête des Gaulois, livré des combats, pour la défense de leur liberté, et qui avaient fait des traités et des ca-

---

verrons les longs combats des passions contre la discipline, qui, à l'aide de la civilisation, a fini par en triompher. Cette loi est devenue ensuite une règle générale, dès l'instant qu'on s'engage dans les ordres.

pitulations. A cet égard, l'histoire a conservé la preuve de l'influence des peuples vaincus sur l'esprit de la nation conquérante. Egidius, simple maître de la milice romaine, parvînt à se faire élire roi des Francs, lorsque ceux-ci, mécontens du règne de Childéric, père de Clovis, l'eurent chassé du trône, et l'eurent forcé de chercher un asile en Thuringe.

Son règne à la vérité ne fut pas long. Honteux d'obéir à un étranger, les Francs revinrent bientôt à leurs sentimens pour un roi de leur race : et ils replacèrent Childéric à leur tête.

Le besoin de rendre la justice, suivant les lois romaines, l'ignorance des Francs dans les formes lentes d'une procédure inconnue, firent instituer des juges de la nation conquise, sous le nom de comtes, qui, avec des assesseurs décidaient toutes les contestations, au nom du roi.

CHAPITRE VI.

Commerce, Arts et Sciences.

LE commerce anéanti par tant de guerres, était nul alors. Mais les sciences et les arts étaient encore cultivés par les Romains, ainsi que l'atteste la renommée du règne de l'empereur Justinien, qui a suivi de près l'époque de ces bouleversemens mémorables.

CHAPITRE VII.

De l'Italie, de l'Espagne et de la Bretagne.

LES Gaules, semblables à une pièce de marqueterie, offraient alors, comme nous venons de le voir, l'assemblage grotesque des prêtres des idoles, à côté des ministres du Très-Haut, le mélange de chrétiens et de payens, d'hommes libres et d'esclaves. Elles offraient l'assemblage de Gaulois, de Romains, et de tous les peuples conquérans, soumis à des lois diverses, image du cahos.

Ce tableau des Gaules nous peint, avec une ressemblance frappante, l'état de toutes les autres provinces romaines en Europe, conquises par l'irruption des barbares. C'était celui de l'Italie, démembrée de l'empire, inondée par les Huns, les Vandales, les Herules et les Turcilingues. C'était celui de l'Espagne alternativement soumise au joug des Vandales, des Alains, des Suèves, des Goths ou Visigoths, gémissante d'ailleurs sous le schisme des Ariens. Enfin c'était celui de la Bretagne, aujourd'hui l'Angleterre, réduite au dernier degré de faiblesse par le luxe, la mollesse de ses habitans et l'abandon de Rome, livrée aux incursions des Pictes et des Scots, combattant encore pour sa liberté, dans les rangs des Saxons, ses auxiliaires, qui allaient avec les Angles, en être bientôt les oppresseurs.

CHAPITRE VIII.

De la Germanie et du nord de l'Europe.

La Germanie conservait seule dans l'Europe, la figure qui lui était particulière. Elle pouvait s'amalgamer sans peine les peuples du nord qu'un désir inquiet d'émigration (1), entretenu par l'ignorance de la religion consolante du Christ,

---

(1) On n'a point assez réfléchi sur la cause de cette migration successive des peuples barbares. On a attribué à une population surabondante du nord, qu'on a appelé une manufacture d'hommes, cet essaim qui s'est répandu à la fois sur toutes les provinces romaines. Quant à nous, nous la voyons dans l'ignorance et dans l'absence de la seule religion qui mette un frein salutaire aux passions des hommes, qui console le pauvre de ses misères, qui l'attache au lieu de sa naissance, au clocher qui l'appelle pour entendre des paroles de paix et d'espérance.

Ces peuples, uniquement guidés par leurs passions, par l'amour du pillage et du butin, se sont précipités en flots pour avoir part à la vaste curée que leur offrait l'empire romain, dans sa décadence.

Cependant depuis cette irruption terrible, depuis l'introduction du christianisme dans tout le nord de l'Europe, ces peuples civilisés ont appris à être satisfaits de la situation où la Providence les a placés; et nous ne voyons pas

poussait vers des climats plus doux. Payenne comme eux, ses mœurs, ses usages étaient les mêmes. Leur esprit de conquête s'éteignait dans une possession tranquille, avantageuse au peuple

---

que la population du nord soit augmentée dans une proportion plus considérable que celle des autres états méridionaux. C'est même le contraire, si on compare les dénombremens de certains royaumes.

Mais comme les mêmes causes doivent avoir les mêmes effets, on voit, aujourd'hui que les liens de la religion sont relâchés et même sont rompus; on voit dans ce siècle de philosophie qui a fait pénétrer ses fausses lumières jusques dans les plus basses classes des peuples, qui leur a enlevé les consolations de l'esprit, et qui a donné de l'essor à leurs passions; on voit, disons-nous, l'inquiétude sourde des nations, un besoin de mouvement, de changement; des manœuvres menaçantes contre les gouvernemens; les désirs de trouver, dans leur chute, une proie nouvelle pour la cupidité d'hommes sans frein; enfin des émigrations nombreuses de gens mécontens de leur sort, quoique vivant dans des états civilisés, policés, et jouissant en apparence de toutes les sources de prospérité.

C'est à l'oubli de la religion, au mépris de ses divins préceptes auxquels on a habitué les peuples, que sont dus ces symptômes effrayans; et la puissance des souverains, qui ouvrent aujourd'hui les yeux sur ces émigrations, échouera dans ses efforts pour les arrêter, sera même exposée aux plus grand dangers, si elle ne rétablit pas la vraie pierre angulaire de l'ordre social, la religion du Christ, qui seule apprend aux hommes l'obéissance et le

qui les recevait dans son sein, et qui serait devenue douteuse, s'il eût fallu la disputer dans des combats. Aussi la Germanie recrutée de ces nations, toujours soumise aux rois Francs, leur fournissant sans cesse de nouveaux soldats, trouvait dans ses institutions, les moyens d'assurer la conquête de ses souverains, et de faire respecter son indépendance.

---

dévouement dont les souverains font eux-mêmes profession, pour toutes les matières spirituelles.

On dira que la religion du Christ, reconnue par tous les monarques de l'Europe, est aussi celle des peuples. C'est vrai dans un sens général, mais faux, absolument faux, sous le point de vue religieux; parce que chacun d'eux l'accommodant à ses intérêts particuliers, montre ouvertement, par l'esprit de tolérance qu'il réclame, le mépris qu'il en fait, et l'espèce d'horreur que lui inspire la vue du vicaire de J. C. dont il veut rester séparé.

J. C., en établissant un prince des Apôtres, a fondé l'unité de son Eglise. Tous ceux qui ne sont pas avec lui, sont hors d'elle. Aussi tous les états qui ont admis la prétendue réforme de l'Eglise, ne sont-ils plus en unité avec elle : aussi n'ont-ils plus même unité de croyance dans leur propre sein. Mille sectes différentes défigurent la doctrine des saints Pères et des Apôtres.

Totum imperium divisum desolabitur.

Quelle soumission pourra-t-on espérer dans les choses temporelles, de ceux qui se croient tout permis sur ce qui regarde les choses les plus saintes?

Le nord de l'Europe était occupé par des tribus nombreuses de divers peuples, comme les Saxons, les Sclaves, etc., toutes livrées au paganisme, sans civilisation, divisées entre elles, suivant aveuglément le chef qu'elles s'étaient donné, épiant l'instant où elles pourraient elles-même prendre part au butin de leurs frères.

HISTOIRE

DE

L'ESPRIT DES PEUPLES DE L'EUROPE.

LIVRE PREMIER.

FONDATION DES SOCIÉTÉS DE L'EUROPE.

PREMIÈRE PARTIE.

LA FRANCE ET LA GERMANIE.

CHAPITRE PREMIER.

Conversion de Clovis.

L'EUROPE était dans l'état que nous avons décrit, au moment où Clovis, vainqueur à Tolbiac, arborant le signe de la croix, embrasse le christianisme. Déjà la Providence avait permis que sainte Clotilde, zélée pour la propagation de la foi, devînt la compagne du roi des Francs, afin de le toucher, et de préparer

An 496.

le cœur de ses sujets, par l'exemple de ses vertus, à la réception de la foi.

L'histoire nous rapporte, et nous pouvons y voir le signe de l'élection du peuple Français, que l'Europe n'avait pas un souverain catholique, lorsque Clovis, alarmé sur le succès de la bataille, levant les yeux au Ciel, implore le Dieu de Clotilde, ce Dieu jusqu'alors méprisé qui lui apparaissait comme le présage de la victoire. Plein d'espérance, frappé d'une vive lumière, il jure de se donner au Dieu des chrétiens, après la bataille.

Mais à peine est-il vainqueur, que la politique, cette conseillère trompeuse des souverains, qui si souvent les aveugle sur leurs propres intérêts, vient combattre cette sainte résolution. Clovis, environné d'une foule de guerriers idolâtres qu'il regarde, comme sa force et son appui, hésite et n'ose encore renverser les autels de leurs fausses divinités. Il redoute l'énergie, la férocité des Francs, leur attachement au culte de leurs pères. Il craint, dans ses terreurs, de se voir arracher la couronne et la vie. Il ignore la puissance de celui qui lui a donné la victoire, de qui le soutient.

Cependant la grace a parlé; il se fait instruire des vérités de la religion. Les vertus de Clotilde, ses sollicitations empressées, la conversion même de Clovis touchent, par la permission de Dieu, les grands du royaume. Il reçoit enfin, avec un grand nombre de ses guerriers, les eaux du baptême. Son cœur si irritable, soumis à la foi, entend sans frémir ces paroles du saint évêque Remi. *Brûle, fier Sicambre, ce que tu as adoré, et adore ce que tu voulais brûler.*

CHAPITRE II.

Effets de la conversion du roi des Francs.

Clovis, ayant embrassé le christianisme, devint vraiment roi des Gaulois, roi des Romains. Ces peuples ennemis des barbares qu'ils méprisaient, à cause de la supériorité de leurs propres lumières, inquiets sur leur existence, leurs propriétés, leur religion, qu'un féroce Sicambre appelé sur le trône, pouvait vouloir leur ravir, en renouvelant les persécutions encore présentes à leur mémoire, vivaient isolés et dans une attitude toujours menaçante pour leurs maîtres. Soumis et non subjugués, ils ne rendaient à l'état que des services précaires, qu'environnait la méfiance. Aussi voyons-nous que, tant que le paganisme et le schisme se partagèrent les Gaules, les divers monarques, réduits à leurs propres forces, échangaient les chances de la guerre. Tantôt vainqueurs, tantôt vaincus, ils ne pouvaient étendre les limites de leurs premières conquêtes.

Mais Clovis, devenu chrétien, voit tout-à-coup accroître sa puissance. Les Gaulois, les Romains, jaloux d'avoir conquis le roi à leur religion, accourent en foule sous ses drapeaux. Intéressés dès-lors à défendre le trône dont ils attendent leur protection au milieu des Barbares, certains du secours de Clotilde pour favoriser leurs efforts, les plus puissans d'entr'eux s'offrent pour la carrière des honneurs, comme les rivaux des Francs, avec tous les avantages des lumières. Ainsi la conversion de Clovis due à la grace, due à l'élection du peuple Franc, était encore dictée par les conseils de la plus saine politique. Cet accroissement de puissance devient bientôt un motif impérieux pour tous les Francs, de se plier au joug de la religion, afin de conserver dans leurs mains les avantages de la conquête.

Clovis, en homme d'état habile, connait bientôt lui-même le secret de sa force nouvelle, et dans son humeur guerrière, il ne voit plus dans les rois ses voisins et ses rivaux que de faibles obstacles aux desseins de son ambition. Assuré, jusque dans les rangs de ses ennemis, d'un parti formidable intéressé à ses succès, il vole alors de conquêtes en conquêtes. Ce qu'il n'avait pu exécuter, avant sa conversion, devient facile. Chaque année de son règne se compte alors par des rois détrônés. Rien ne peut s'opposer à la marche de ses armées triomphantes. Aussi tous les peuples, frappés de l'éclat de ses victoires, ne doutent point que le Dieu des chrétiens n'ait livré ses ennemis entre ses mains. Tous les Francs, électrisés par ses succès, renoncent à leurs idoles, et reçoivent en foule les eaux du baptême.

Heureux Clovis, si en étendant l'empire de la religion sur les nations, il eût su se vaincre lui-même et se soumettre à ses divins préceptes. Emporté par ses passions, par l'esprit de haine et de vengeance qui caractérise ces siècles barbares, les meurtres, les trahisons, les crimes les plus horribles ne paraissent à son ame féroce, que des actions naturelles et ordinaires. En vain la religion réclame en faveur du roi des Bourguignons, en faveur du sang de Clotilde, qui est assise sur son trône; l'ambition du Sicambre ne connait ni les liens de la morale, ni ceux de la nature. Gondebaud dépossédé de ses états, est obligé de chercher un asile dans une terre étrangère. Alaric, roi des Visigoths, est tué de sa propre main. Sa férocité n'épargne pas même les princes de sa maison. Envain Dieu permet qu'il soit arrêté, dans le cours de ses victoires, par Théodoric, roi des

Ostrogoths, pour lui apprendre que sa force vient d'une main invisible, qu'elle peut lui être ôtée, à cause de l'abus qu'il en fait; son cœur n'est point changé. La mort mettra seule un terme à tant de crimes. Quoiqu'il en soit, les desseins de Dieu se remplissent, les autels des idoles sont renversés; l'Evangile est prêché aux payens; la religion respire dans toute l'étendue des Gaules, soumises à un seul maître; et le catholicisme y prenant racine, détruira bientôt l'arianisme, qui menace d'envahir l'Eglise.

La gloire, la terreur du nom de Clovis parviennent jusqu'aux extrémités de la terre, les monarques les plus puissans s'empressent de rechercher son amitié. L'empereur d'Orient, sous prétexte de le combler d'honneurs, mais en effet pour retenir l'ombre de sa souveraineté sur les Gaules, lui décerne les titres pompeux de patrice, de consul et d'Auguste.

Parvenu à ce haut degré de puissance, Clovis fait de Paris la capitale et le siége de son royaume.

CHAPITRE III.

Organisation de la France sous Clovis.

Ce conquérant, chef d'un peuple accoutumé à des sacrifices humains, fier d'une liberté sans frein, ce conquérant, soumis par sa conversion aux usages de sa nation, et qui avait vu alors un simple soldat braver sa volonté dans le partage du butin, après la victoire, et le réduire au silence, ce conquérant nous montre ce que peut un prince dans ses états, ce que sont les peuples et leurs institutions dans ses mains.

Ces barbares, guidés par l'instinct de leur conservation, et par l'attrait de la liberté, avaient trouvé *dans les bois*, suivant l'expression de Montesquieu, une forme de gouvernement, appelé aujourd'hui le chef-d'œuvre de l'esprit humain. Mais répandus sur la surface des pays occupés, il était difficile que tous les chefs pussent venir, en personne, assister aux Champs-de-Mars, traiter des affaires nationales. Il était difficile que les Gaulois, les Romains, conquérans par l'empire de la religion, et allant au-devant du joug d'un roi chrétien, restassent étrangers au gouvernement ; il était difficile enfin que les lumières éclatantes d'évêques vénérés, ne fissent pas impression sur des hommes nouveaux, ignorans, avides de conseils pour conserver leurs conquêtes, comme pour acquérir la vie éternelle.

Aussi Clovis, trouvant dans les Gaules des institutions analogues à celles de sa nation, mais supérieures à ces dernières par tout ce que la civilisation peut avoir de plus recherché, s'occupe à fonder sa monarchie, en amalgamant ensemble les usages des divers pays soumis à sa domination.

Comme la propriété héréditaire chez les Francs était la condition du service militaire, tout citoyen admis au partage des terres, était guerrier. Les Gaulois, les Romains propriétaires y sont assujétis. Les hommes libres, tenant aux grands, les suivaient dans les combats; les cliens libres sont aussi tenus de marcher avec leurs patrons; les affranchis restent tous dans la dépendance de leurs anciens maîtres (1). La flagellation était en usage, non-seulement envers les esclaves ou les serfs, mais même envers les hommes libres dépendans. Les affranchis, les ingénus, les libres Gaulois, ou Romains, ne peuvent se soustraire à cette peine.

Les princes des prêtres sont les premiers appelés dans les conseils de Clovis. Gaulois ou Romains, tous s'efforcent de faire triompher leurs usages; aussi les monumens éternels de la sagesse du peuple-roi, ses lois immortelles, sont respectées partout où les coutumes des barbares

---

(1) Un affranchi restait dans la dépendance de son maître, ainsi que ses enfans, distingués par le nom d'ingénus. Ce n'était qu'à la troisième génération que les descendans d'affranchis héritaient et jouissaient d'une pleine et entière liberté.

ne sont point encore enracinées. Clovis, commandant en Germanie à un peuple sans mélange, veut cependant que ses frères d'armes ne lui deviennent point étrangers; il veut donc que la nation des Francs ne puisse se confondre avec ses nouveaux sujets. Les coutumes et les compositions établissent la ligne de démarcation. La loi salique est recueillie en corps de lois par ses soins; et dès-lors, comme nous l'avons remarqué, l'hérédité à la couronne se trouve fixée exclusivement dans une famille, et dans la ligne masculine. Les filles, inhabiles au service militaire, ne peuvent hériter des terres saliques qui, à défaut de mâles, passent au plus proche parent, ou rentrent au domaine de la couronne. Les filles continuent à recevoir de leurs maris une dot que les Romaines, au contraire, apportent en mariage.

Le droit de *Faïde*, ce terrible droit de vengeance, qui permet à tous les parens d'une famille de sacrifier le meurtrier d'un de ses membres, est religieusement conservé, et ne peut s'éteindre que par des compositions pécuniaires que chacun est maître d'accepter ou de refuser. Cependant le pauvre peut s'affranchir en jurant et faisant jurer des témoins avec lui, qu'il n'est point assez riche pour payer l'amende (1).

(1) Coutume dite *Chrene-Cruda*. Le meurtrier, après

Les Francs ne peuvent entrer dans les ordres sacrés sans le commandement exprès du roi, tandis que les Gaulois, les Romains, qui comptent des ancêtres dans la cléricature, peuvent disposer de leurs personnes, et suivre leur vocation. Les esclaves des deux peuples qui ne comptent pas dans la nation, sont seuls soumis aux mêmes lois. Partout les serfs peuvent posséder des terres, pourvu qu'ils travaillent aussi pour leurs maîtres; partout ils sont astreints à des corvées et à des redevances.

Si la politique commande à Clovis de laisser ses sujets séparés, ses pensées s'élèvent à faire disparaître toute autre distinction, et à unir les corps de ses états, par une organisation dont Rome lui a fourni le modèle. Les Gaules, pour la forme, deviennent une province romaine. Les ducs prennent le premier rang dans l'ordre de la hiérarchie civile et militaire. Les archevêques leur sont assimilés, même pour les compositions. Les uns commandent à douze comtés; les autres

---

son serment, ramassait de la terre des quatre coins de sa maison, et debout sur le seuil de sa porte, la jetait sur son plus proche parent. Ensuite en chemise, pieds nus, un bâton à la main, sautait par-dessus une haie. Alors son parent était chargé de payer pour lui.

doivent avoir sous leur juridiction douze évêchés. Les comtes (1) marchent après eux, égaux des évêques. Comme ces derniers rendent la justice aux clercs, les autres en sont chargés pour les laïcs. Chacun d'eux a ses assistans pour l'aider dans ses travaux. Les barons (2), ces hommes illustres des Francs, conduisent un certain canton, comme les abbés leurs monastères, les prêtres leurs églises (3).

---

(1) Les comtes, sous Constantin, *comites imperatoris*, accompagnaient l'empereur partout où il se transportait. Ils obtinrent ensuite des gouvernemens, des préfectures, des emplois civils, et même quelquefois militaires, et conservèrent leurs titres. Ils étaient divisés en trois classes, suivant l'importance de leurs fonctions.

L'origine du titre remonte jusqu'à Auguste, qui nommait *comites* ceux des sénateurs qui lui servaient de conseillers.

(2) *Baro*, *vir illustris francorum*, était particulièrement attaché à la personne du roi. *V. Baluze, P. Sirmond.*

(3) Les auteurs ont généralement attribué à Charlemagne la division du territoire de la France, en duchés, comtés et baronies. Nous avons cru devoir rectifier ce point historique qui ne nous paraît pas douteux, d'abord parce que cette division est évidemment plus ancienne que Charlemagne. Nous en avons une preuve authentique dans la division de l'Angleterre en douze évêchés, ordonnée par saint Grégoire-le-grand, dans ses instructions au moine Augustin, apôtre de ce pays. Il vivait en 600. Cette division était donc connue avant Charlemagne. Le

CHAPITRE IV.

Politique de Clovis.

Clovis confiant dans sa force, balançant les intérêts des vainqueurs et des vaincus, se servant tour-à-tour des uns et des autres pour faire respecter ses volontés, usant de l'autorité des Césars dont il tient la place, sentant la nécessité d'une unité d'action, la trouvant reconnue sous le gouvernement de l'empire, soumet tout à ses ordonnances. Si les assemblées du Champ-de-Mars subsistent encore, ce ne sont plus tous les hom-

---

vénérable Bede, historien anglais, regrette que l'ordre de saint Grégoire n'ait point été exécuté. Il vivait en 700.

Mais ce qui achève la conviction à cet égard, c'est que Charlemagne, dans la division de la Saxe et d'autres contrées, déclare lui-même qu'il suit le modèle que lui ont laissé les Romains. On ne voit pas d'ailleurs qu'il ait fait une nouvelle division de la France. Elle existait donc avant lui. Enfin le nom de *baron* était totalement tombé en désuétude sous les maires du palais, par conséquent avant Charlemagne, et il n'a reparu que sous ses successeurs, lors du développement du système féodal, les titres étant devenus personnels.

Il est donc évident que la division du territoire de la France remonte à Clovis, qui conserva la division du territoire des Gaules faite sous les Romains. Nous avons dû la rappeler, pour faire connaître à cette époque l'état de la France.

mes libres de la nation des Francs qui les composent, ce sont les ducs, les comtes, les barons et les hommes distingués des deux nations qu'il lui plaît d'appeler pour souscrire à ses ordres souverains. Les évêques y tiennent le premier rang.

Les titres des Romains deviennent ceux des Francs. Les ducs, les comtes, sont élevés au-dessus des barons. En vain les princes de sa famille veulent défendre les droits et les libertés du peuple de leur race; victimes de ses cruautés, de ses artifices, ils ne laissent à leurs frères d'armes que le choix de la soumission la plus absolue: tout plie sous les volontés d'un maître.

Les bénéfices réservés pour recompense du service militaire, ou destinés aux émolumens de l'administration civile, ne sont plus concédés à vie. Il les donne et les retire à son gré, comme les charges et les emplois. Si la suprématie des Francs les conserve dans les premières places de l'état, les Gaulois libres, les Romains influens, sont admis à courir la carrière des honneurs. Le clergé lui-même, qu'il comble de ses dons, et à qui il laisse ses immunités, ses synodes, ses conciles, le clergé sent tout le poids de la dépendance. S'il lui conserve l'usage de ses élections, lui-même il désigne le choix du peuple, et un évêque n'est plus consacré sans sa permission. Les investitures lui sont réservées. S'il reconnoit les lois canoniques, il

511. en impose à son tour. Le droit de régale est établi, et fait rentrer dans la main du roi, les fruits des églises à chaque vacance ; ce qui était conforme aux mœurs des Francs, dont les biens, au défaut d'héritiers, revenaient à la couronne. Si un serf est ordonné à l'insu de son maître, son respect pour son caractère sacré lui fait décider qu'il restera clerc ; mais l'évêque est obligé d'en payer la double valeur.

Pendant les irruptions des barbares, le clergé propriétaire avait vu quelques-uns de ses membres se mettre en état de défense ; Clovis lui interdit l'usage des armes. Enfin, par sa politique ferme et constante, aussi bien que par son zèle à détruire les idoles, il semble reconnaître et mettre en pratique les instructions que le saint pape Gelase adressait dans le même temps aux empereurs d'Orient, qui, se plongeant dans des hérésies, usurpaient le pouvoir de décider sur les dogmes enseignés par la chaire pontificale : « Il y » a deux moyens, disait-il, par lesquels les cho- » ses de ce monde sont particulièrement gouver- » nées, l'autorité sacrée des évêques, et la puis- » sance royale (1)..... Dieu (2) connaissant la fai- » blesse humaine, et voulant sauver les siens par

(1) Histoire Ecclésiastique de Fleury, tom. 7, pag. 61.
(2) *Id.* pag. 81.

» l'humilité, a séparé les fonctions de l'une et de » l'autre puissance, ensorte que les empereurs » chrétiens eussent besoin des pontifes pour la vie » éternelle, et que les pontifes suivissent les or- » donnances des empereurs, pour les choses tem- » porelles. Que celui qui sert Dieu ne s'embarrasse » point des affaires du siècle! que celui à qui la » Providence a imposé le fardeau du temporel, » ne gouverne pas les choses divines! ainsi l'un » et l'autre ordre est contenu dans la modéra- » tion, et chaque profession est appliquée aux » actions qui lui conviennent ».

Tout, à la voix de Clovis, est donc modifié, amélioré. La forme du gouvernement est changée, la langue même du peuple vaincu devient celle du peuple vainqueur.

CHAPITRE V.

Sagesse de l'Eglise.

Jusqu'à cette époque, l'Eglise semblable à Salomon bâtissant le temple du Seigneur, l'Eglise luttant et contre le paganisme et contre les persécutions des apostats et des hérétiques, pour élever l'édifice de la religion du Christ, l'Eglise avait conservé la tradition pure des apôtres et la ferveur des saints pères. Les richesses données par les fidèles étaient toujours le bien des pauvres. Des saints solitaires plongés dans la retraite, la contemplation, la prière, affligeant leurs corps par le jeûne et la discipline, couverts de cilices, marchant pieds nus, souvent chargés de fers, vrais martyrs de la pénitence, s'offraient aux peuples étonnés comme des miracles vivans pour attester la grandeur, la puissance, la vérité d'une religion qui leur faisait mépriser les douceurs du monde et choisir les souffrances, pour acquérir les biens éternels. Des monastères nombreux et isolés, peuplés d'hommes voués à la pauvreté, s'excitant à toutes les vertus, soumis à une règle austère, partageant leurs temps entre les oraisons, l'étude et les travaux les plus pénibles, arrosant la terre de leurs sueurs, proclamaient encore hautement le détachement des biens, et les mettaient en commun, pour le service des fidèles, le rachat des captifs, des secours aux malheureux, les devoirs de l'hospitalité, enfin l'exercice de toutes les vertus chrétiennes. Des vierges nombreuses, consacrées à Dieu, étrangères aux plaisirs et aux vanités du monde, brûlant d'une flamme toute pure pour celui qui a versé son sang pour le salut des hommes, adressaient nuit et jour des hymnes de reconnaissance au Tout-Puissant, et afin de se rendre dignes de la grace de ses mérites, s'imposaient encore des souffrances volontaires. Des hommes doués de l'esprit de Dieu, hardis confesseurs de la foi, allaient chez les nations idolâtres chercher des persécutions, des périls pour les instruire sur les mystères de la croix, sur les sacrifices de l'homme-Dieu. Ils allaient encore sceller de leur sang la vérité des promesses du saint Evangile. Des pénitences publiques à la porte des églises, demandées par les pécheurs pour se réconcilier avec leur souverain-maître, étonnaient toujours par leurs pratiques les cœurs les plus endurcis. Enfin la sagesse animait encore tout le clergé; et les évêques étrangers au gouvernement temporel des choses du monde, loin d'avoir ambitionné leurs dignités, étaient encore dans l'usage de fuir les regards du peuple dans les élections; et de n'accepter leur mission que pour obéir. Ne voyant dans l'épiscopat que le danger de conduire les autres, ils regrettaient leur obscurité, et le temps destiné à de plus humbles fonctions.

La terre retentissait des miracles opérés par de si saints personnages. De si grands modèles de piété, semés chez un peuple nouveau, ne pouvaient manquer de produire une abondante moisson.

Aussi Dieu qui avait dit autrefois à Salomon:
« Parce que vous ne m'avez demandé que l'in-
» telligence pour conduire mon peuple, je vous
» ai donné un cœur si plein de sagesse, qu'il n'y
» a jamais eu d'homme avant vous, qui vous

» ait égalé, et qu'il n'y en aura point après vous:
» Je vous ai donné en outre ce que vous ne
» m'avez point demandé, les richesses et la
» gloire, de sorte qu'aucun roi ne vous aura ja-
» mais égalé. » Dieu, disons-nous, avait élevé la sagesse de son Eglise à un degré de sainteté qu'aucun siècle ne saurait atteindre. Il semblait dire à ses serviteurs: « Parce que dans l'humilité
» de vos cœurs, vous n'aspirez qu'au royaume
» céleste, à ce royaume promis, qui n'est pas
» de ce monde, je vous ai donné ce peuple choisi
» et avec lui tous les royaumes de l'Europe, pour
» établir le règne de mon fils, et la gloire de mon
» nom, jusqu'aux extrémités de la terre. Le temps
» de l'épreuve des richesses va commencer, ce-
» lui des combats va finir. Que si vous vous
» écartez de mes préceptes, de mes commande-
» mens, je vous châtierai de la verge dont on
» châtie les enfans des hommes. »

CHAPITRE VI.

Esprit introduit par le christianisme.

En effet, ces peuples barbares qui, d'autant qu'ils étaient plus ignorans, étaient plus touchés d'un spectacle aussi étonnant que celui des vertus de l'Eglise, ces peuples qui voyaient partout des miracles, tombent prosternés aux pieds des prêtres. Jaloux de posséder ces biens invisibles et éternels qui leur étaient promis par la nouvelle loi, leurs cœurs pleins de ferveur sont disposés au sacrifice de toutes les choses sensibles pour les obtenir; aussi Clovis, après son baptême, voulut-il reconnaître auprès de saint Remi, la grandeur du bienfait par des donations immenses. Le saint évêque, fidèle aux usages du temps, en fit un partage entre les églises, sans rien retenir pour lui-même. De ces dons, les églises de Saint-Denis, de Sainte-Géneviève furent fondées; l'évéché de Laon fut institué.

Les grands seigneurs, à l'envi, imitant de si nobles exemples, enrichissent et fondent des presbytères, et comme leur roi, ils offrent le singulier contraste du zèle le plus ardent pour l'établissement de la foi chrétienne, et des actions les plus opposées à ses pratiques.

Dans la classe du peuple, les pauvres secourus et nourris du pain de la charité, les affligés consolés, les malades guéris, sont prêts à transporter à leurs bienfaiteurs, aux ministres de l'Eglise, le culte qu'ils enseignent pour honorer un Dieu mort sur la croix; avec la dureté de leur entendement, ils allient leurs coutumes aux cérémonies de la religion. Les superstitions gauloises et romaines ne sont point encore entièrement oubliées. Des Francs, attachés à leurs idoles, n'abandonnent point les sacrifices humains. La divination par le sort des saints, par le chant des oiseaux, par les entrailles des victimes ; des invocations aux dieux du paganisme ; des vœux à des pierres, des arbres, des fontaines, des cris pendant les éclipses, marqueraient la lenteur des progrès de l'esprit au milieu des lumières qui environnaient ces peuples, si on ne savait que certains hommes, dans une nation, voués par leur état à l'ignorance la plus absolue, ne peuvent sortir de leurs mauvaises habitudes, ou retournent sans cesse aux préjugés de leur enfance.

511. Tel était l'état moral des peuples dans les Gaules à la mort de Clovis. Jetons un coup d'œil rapide sur le reste de l'Europe.

Cependant arrêtons un instant nos regards sur le royaume des Bourguignons et sur la Germanie, que dans notre plan nous devons nécessairement confondre avec la France, à cette époque reculée.

CHAPITRE VII.

Royaume des Bourguignons. Loi gombette. Duel judiciaire.

NOUS aurions passé entièrement sous silence l'état du royaume de Bourgogne, alors si près de sa destruction, et qui, soumis depuis deux générations, à des princes chrétiens, mais ariens, offrait une situation analogue à celle que nous aurons l'occasion de décrire pour l'Espagne et pour l'Italie, si nous ne devions noter ici un trait particulier de ses mœurs, dont les conséquences ont eu la plus grande influence sur tout le reste de l'Europe.

Gondebaud ou Gombaud, roi de Bourgogne, contemporain et allié de Clovis, jaloux de suivre les traces de ce conquérant-législateur, fait recueillir les usages des Bourguignons, et en forme un corps de lois, connu sous le nom de *Loi Gombette*.

Ce prince qui s'abstient de la communion des évêques catholiques, commande à un peuple divisé dans ses croyances religieuses. Les uns pour exercer leur ministère, sans exciter la haine et les soupçons du souverain, se retirent dans des monastères ; les ariens au contraire, avec l'appui du monarque, briguent ouvertement la possession des Eglises, et cherchent à séduire les fidèles par l'éclat du pouvoir et des richesses dont ils s'emparent. Gondebaud ne peut connaître au milieu de ces dissentions, la puissance de la religion qui seule fixe les devoirs des peuples d'une manière constante et irrévocable. Son esprit s'abandonne, dans son gouvernement, au vague, à la fluctuation des idées qui sont inséparables du doute, en matières religieuses.

Maître du royaume de Bourgogne, par le meurtre de son frère, père de Clotilde, couronné par un succès, il fait des succès la loi suprême. Les lois romaines que suivent les Bourguignons pour les décisions de leurs différens entr'eux, ou avec les Gaulois, lui paraissent incertaines et méprisables. Elles admettent dans les affaires douteuses, le serment d'une des parties pour les terminer. Gondebaud ne voit dans cette pratique qu'une occasion de parjure. Tous les hommes lui paraissent corrompus par l'avarice, par la cupidité, prêts à affirmer par leur obstination, ou par l'influence des dons, non-seulement la vérité de ce qu'ils ignorent, mais même contre leur conscience, la vérité du mensonge.

Dès-lors, il érige en maxime que « le meil-
» leur champion est le plus honnête homme,
» et le plus digne d'être cru ». En conséquence de ce principe qui consacre la loi du plus fort,
501. il ordonne que, quand le défenseur ou l'accusé aura nié la dette ou le crime avec serment, le demandeur ou la partie plaignante aura le droit de rejeter le serment, et de requérir du juge, la preuve du duel. Il appelle cette épreuve le *jugement de Dieu*. Les témoins produits par l'une ou l'autre partie, doivent aussi soutenir, les

armes à la main, la vérité qu'ils jurent savoir. Si un témoin du demandeur, accusé de faux témoignage, soutient le combat et succombe, tous ceux qui ont juré la même chose que lui, sont condamnés à une amende pécuniaire de trois cents sols d'or. Si au contraire c'est le défendeur qui est vaincu, il doit payer à son adversaire, une somme neuf fois plus forte que celle à laquelle il aurait été condamné, s'il fût convenu d'abord de la vérité.

Cette loi, si funeste à l'innocence, n'est point considérée alors, comme un combat introduit pour régulariser le droit de vengeance. C'est seulement une preuve adoptée par le juge, pour la manifestation de la vérité, dans les affaires civiles ou criminelles.

Le droit de guerre entre les particuliers n'est point anéanti par cette loi; elle le confirme même; et la confiance que Dieu, consulté par cette preuve, ne peut que confondre le mensonge, la fait bientôt adopter par la plupart des autres nations, malgré les oppositions des évêques. Les clercs eux-mêmes sont exposés à se voir appeler en duel. Mais en raison de leur caractère, ils obtiennent la faculté de faire choix d'un champion pour combattre à leur place.

Ces duels établis par la loi, sont provoqués en présence des officiers de justice, qui reçoivent les gages des parties, réglent l'ordre du combat, en désignent le lieu et nomment des juges du camp. Les seules armes, autorisées dans l'origine par Gondebaud, sont le bâton et le bouclier. Mais l'impulsion une fois donnée par la loi au caractère d'hommes aussi féroces, quelle puissance pouvait mettre un frein à la fureur des combats ?

Les Allemands, les Bavarois, les Lombards, d'autres nations de l'Europe, reçoivent le duel judiciaire, et les armes deviennent bientôt l'objet des conventions des parties. Ceux qui se regardent comme au-dessus des autres, par l'exercice de leurs fonctions, rejettent l'usage du bâton, comme indigne de leur valeur. De-là dérivent des combats à mort, qui bannis un jour du temple de la justice, se perpétueront jusque dans les siècles les plus reculés.

Nous observerons dans la suite les nuances à l'aide desquelles le droit de vengeance, manifesté d'abord par l'assassinat et le guet-à-pens, depuis affilié au droit de guerre, sans cesse combattu par la religion, suspendu par les canons, régularisé enfin par le duel judiciaire, s'ennoblit par le sacrifice et l'abandon de tout indigne avantage sur son ennemi, et crée le point d'honneur le plus cher à toutes les classes de la société, par les dangers même du combat.

CHAPITRE VIII.

Apperçu sur les peuples idolâtres de la Germanie.

POUR completter le tableau de l'Europe, à cette époque mémorable, il nous reste à parler de la Germanie, dont plusieurs peuplades, réunies sous l'autorité de leurs ducs, avaient pris la forme des états environnans, et s'étaient attachées à la culture des terres. La politique de Clovis, dont elles étaient presque toutes tributaires, avait cherché en les fixant au sol, à garantir son royaume de l'inquiétude, innée chez un peuple vagabond et sans travail. Déjà même, pour jeter chez eux le germe de la civilisation, il leur avait envoyé de saints missionnaires pour leur prêcher l'Evangile. Mais jusqu'alors ces cœurs endurcis dans l'idolâtrie, avaient repoussé ces bienfaits, et ils avaient immolé à leurs dieux, les apôtres dont le sang, répandu parmi eux, devait un jour faire fructifier la semence de la parole divine.

La Thuringe, qui s'y trouvait comprise, déjà érigée en royaume, contenue d'un côté par les Saxons, toujours menaçant les Germains soumis aux Francs, était le seul état, qui par son étendue, ses alliances, son organisation, pût mériter le nom de gouvernement. Déja l'ambition des chefs avait assuré, après eux, à leurs familles les priviléges du commandement. Les enfans, maîtres des trésors de leurs pères, s'étaient emparés du pouvoir souverain, tantôt en partageant entr'eux les provinces, tantôt par le massacre des prétendans. Alors par un reste de respect pour l'ancien usage, ils se soumettaient à la vaine formalité d'une élection qui ne pouvait être contestée.

Là, tout était plongé dans la barbarie; le pillage, les violences, les parjures, la vengeance, la perfidie, toutes les passions humaines étaient déchaînées chez ces peuples livrés à l'idolâtrie, et qu'aucun lien ne pouvait retenir.

DEUXIEME PARTIE.

L'ITALIE.

CHAPITRE PREMIER.

Odoacre, roi des Hérules et d'Italie.

DANS ce temps, l'Italie conquise par Odoacre, roi des Hérules et des Turcilingues, n'offrait partout que ruines et dévastations. Son peuple dont la bravoure, l'intrépidité avaient rendu Rome maîtresse de tant de nations, corrompu à l'école des tyrans de l'empire, livré à l'oisiveté, affamé de spectacles, soupirant après la mollesse et les voluptés, avait cessé d'être guerrier, et n'était plus capable de fournir, pour sa défense, des soldats formés à l'école d'une discipline sévère et d'une éducation martiale. Abandonné des satellites mercenaires dans lesquels était toute sa confiance, il avait vu ses gardiens s'unir à ses vainqueurs, partager ses terres à leur gré, et charger ses bras impuissans du poids des fers et de l'esclavage. Sa misère semble être à son

475.

comble. Cependant les crimes de l'Italie n'ont point encore épuisé la coupe de la colère céleste.

La pompe de son ancien lustre, l'éclat de ses richesses, devenues la proie des barbares, devaient encore tenter la cupidité d'autres peuples. Mais la Providence qui ne veut point abandonner son Eglise, inspire à tous ces conquérans infidèles, la vénération la plus soutenue pour les successeurs de saint Pierre. Elle permet que les hérétiques qui exercent la souveraine puissance, même dans la confirmation des évêques, ne souillent point la chaire pontificale par d'indignes élections. Celle du pape Félix III est approuvée par Odoacre, prince arien. Les biens de l'Eglise de Rome lui sont conservés.

Théodoric, roi des Ostrogoths, après avoir traversé, comme un torrent, l'Italie gémissante, après avoir anéanti les Hérules et mis à mort
493. leur roi, Théodoric se laisse fléchir aux prières des évêques qui l'implorent pour le salut du peuple.

CHAPITRE II.

Théodoric, roi d'Italie et des Ostrogoths.

Ce prince autrefois en ôtage à la cour de l'empereur d'Orient, élevé par ses soins, revêtu des plus hautes dignités romaines, placé à la tête d'un peuple allié des Grecs, cachant son ambition sous les dehors de son zèle pour le service de l'empire, avait sollicité de Zénon, la permission de délivrer l'Italie de la domination des barbares. Accoutumé aux mœurs des Grecs, chrétien, mais sectateur d'Arius, il se montre digne émule de la gloire de Clovis. Comme lui, après avoir soumis de vastes états sous ses lois, il cherche à leur rendre enfin un calme depuis si long-temps inconnu. Politique habile, et doué des plus hautes qualités, il veut imposer un joug agréable aux vaincus. Il adopte les costumes romains, et force sa nation à suivre son exemple. Il conserve les magistrats ordinaires de l'empire. Il confirme aux peuples d'Italie les priviléges des citoyens romains, et rend à Rome ses jeux et ses spectacles.

Affectant d'être jaloux de conserver son alliance avec l'empereur Zénon, il se met sous sa protection, même dans sa dépendance. Patrice et roi d'Italie, il fixe la portion de ses conquêtes qui doit être le prix de ses services. Rome reconnait l'autorité de l'empire d'Orient et la puissance de Théodoric.

Sous un aussi grand prince qui ne reste étranger à aucun genre de gloire, sous un ministre habile (1), jaloux de cicatriser les plaies de son

(1) Cassiodore.

pays, l'Italie retrouve sa tranquillité perdue, et voit renaître les beaux jours de l'empire.

CHAPITRE III.

Tendance de l'esprit des peuples, en faveur du pouvoir de l'Eglise.

CEPENDANT l'esprit des peuples vaincus les conserve étrangers aux vainqueurs, à cause du schisme. Une inquiétude irrésistible sur leurs croyances religieuses, alarme les fidèles, et les suit jusque dans le sein du bonheur que Théodoric leur assure. Dans ce temps où règne une foi vive et ardente, il s'élève une barrière insurmontable entre des chrétiens d'une communion différente. La soumission à ses lois est tout ce que peut obtenir un monarque arien. Le cœur repousse les bienfaits d'un ennemi déclaré, et s'arme d'une salutaire méfiance.

Aussi les peuples d'Italie qui ont vu tant de fois leurs institutions détruites et l'empire s'écrouler autour d'eux; ces peuples qui ont vu la religion rester seule debout au milieu des ruines; ces peuples qui ont vu leurs pasteurs s'exposer à tous les dangers, pour les racheter de l'esclavage, pour les rendre libres à leurs foyers; ces peuples enfin qui les ont vu opposer une digue à la férocité, à la cupidité des conquérans; ces peuples considèrent leurs évêques comme des intermédiaires puissans, comme des princes temporels toujours prêts à défendre leurs intérêts, et à alléger le poids des invasions étrangères. Ils ont compris, dans l'excès de leurs maux, qu'il n'y a de vrai, de solide que la religion qui les console; et ils appellent de tous leurs vœux ses ministres à la puissance temporelle, à la conservation du dépôt de tout ce qu'ils ont de plus cher sur la terre.

En conséquence, la juridiction civile leur est volontairement donnée par ceux qui, accoutumés à leur justice au tribunal de la pénitence, regardent leurs évêques comme compétens, pour prononcer sur tous leurs différens. Toutes les contestations sont soumises à leurs jugemens. Leur discipline sévère et charitable pour la conduite des clercs, est un témoignage aux yeux de tous, de leur impartiale équité.

CHAPITRE IV.

Situation de l'Eglise, son union.

MALGRÉ l'amour des peuples, l'Eglise d'Italie, autrefois protégée par les empereurs d'Occident, se trouve au milieu des troubles et des invasions, livrée à sa propre force, pour la conservation de son existence. Les dons des fidèles, ralentis par les calamités publiques et par les entraves d'un gouvernement jaloux, ses richesses épuisées par les pillages et une charité prodigue, l'avaient laissée dans un état voisin de la médiocrité. Toujours dirigée par le zèle apostolique, elle continue à faire fructifier son ministère, non par l'étendue de ses possessions que le schisme lui dispute, mais par l'acquisition des ames. Le sentiment des dangers qui la menacent au milieu de ses ennemis, la nécessité de sa défense lui prêtent une nouvelle ardeur.

Fondée sur un système d'unité, qui ne fait qu'un corps de tous ses membres, elle sent le besoin de créer une force plus imposante, pour résister à l'oppression, et resserrer les liens des évêques entr'eux. La suprématie de Rome, jusqu'alors objet de tant de jalousies, est le centre où viennent aboutir tous les intérêts spirituels et temporels de l'Eglise, où viennent s'éteindre toutes les discussions.

Les lois canoniques qui la régissent, sont partout réclamées par elle, comme des priviléges, des droits hors de l'atteinte du pouvoir lui-même; et dans ces temps de désordres, restant en quelque sorte étrangère aux lois des conquérans qu'elle ne peut adopter, elle forme un corps uni dont la force s'étendant dans d'autres états, rend la sienne invincible. Néanmoins elle professe toujours la soumission aux puissances.

CHAPITRE V.

Plaie de l'Eglise d'Italie, en proie aux intrigues des ariens. Prudence de Théodoric.

L'EGLISE qui veille pour ses enfans, et attire leurs hommages, recèle cependant dans son sein les germes d'une division toujours croissante. Le siége de Rome, objet plus particulier de la vénération des chrétiens, possède encore des trésors et des terres dans diverses parties de l'Italie. L'empire sur les esprits qui lui est déféré, enflamme l'ambition des hérétiques. Les élections des pontifes, à cause de la suprématie qui y est attachée, attirent aussi l'attention des souverains. Les ariens espèrent faire triompher leur erreur, s'ils montent sur le trône de saint Pierre. Les élections sont donc la pierre d'achoppement.

Des prêtres plus attachés aux intérêts du siècle qu'à la cause de la religion, briguent ouvertement la chaire pontificale. Des laïcs les appuyent de tout leur pouvoir. Toutefois l'esprit de l'Eglise sait encore modérer les haines, et tirer de la honte de quelques-uns de ses membres un nouveau sujet d'admiration.

En effet à la mort du successeur de Gelase, deux papes sont élus en même temps, et Rome est menacée de troubles. Mais les deux rivaux se soumettent à la décision du roi Théodoric, qui

498. confirme Symmaque, et éteint le schisme dans sa
naissance. Si les germes de division éclatent encore dans l'Eglise, si le pape Symmaque est accusé devant Théodoric, le souverain pontife n'hésite point à se présenter devant le concile convoqué par le roi : les évêques obéissent à sa voix, se bornant à des remontrances sur l'irrégularité de leur convocation, et sur les droits des successeurs de saint Pierre. Ils reconnaissent ensuite que le supérieur ne peut être jugé par les inférieurs; et ils déclarent que le pape absous de toute accusation, quant aux hommes, n'est sou-
503. mis qu'au seul jugement de Dieu. Leur décret est
approuvé par le roi.

Exemples mémorables de la sagesse et de la soumission de l'Eglise confiante dans son prince, quoique ennemi de sa foi! Exemples non moins mémorables qui attestent la haute politique et la prudence d'un souverain, prêt à sacrifier les intérêts du schisme qu'il professe, à la tranquillité de son peuple!

La politique de Théodoric éclate encore dans les nombreuses alliances qui l'unissent, par les liens du sang, aux souverains les plus puissans de l'Europe. La renommée de sa sagesse, comme la terreur de ses armes, le rendent l'arbitre et le médiateur des différens des rois. C'est lui dont la Providence se sert pour châtier l'orgueil de

Clovis, au milieu de ses triomphes. C'est lui qui fait restituer au roi de Bourgogne ses états envahis. C'est lui enfin qui venge la mort d'Alaric, et qui assure à son petit-fils Amalaric, descendant de ce prince, la couronne des Visigoths.

CHAPITRE VI.

Vanité de la sagesse humaine.

MALGRÉ tant de travaux glorieux, malgré l'étendue de sa puissance, le royaume de Théodoric n'offre aucune garantie pour sa durée. Les institutions civiles ne sont que précaires, là où les institutions religieuses ne sont point comptées dans les élémens du gouvernement, là où elles sont en opposition avec les doctrines de l'état.

Nous voyons donc qu'alors l'Italie conservait toutes les formes, tous les usages de l'empire, mélangés aux mœurs féroces des conquérans : et dans le même temps nous voyons deux puissances s'élever dans son sein ; l'une par la force des choses, née de l'esprit de la religion et des croyances, l'autre par la force des hommes : l'une fondée sur les principes de l'éternelle vérité, sur l'amour de Dieu ; l'autre sur ce qu'il y a de plus changeant dans le monde, sur des êtres périssables et condamnés à mort par la loi de nature. La comparaison des résultats de ces deux moteurs sur l'existence des nations, ne doit-elle pas être l'étude constante de ceux qui sont appelés à les gouverner ?

La première de ces deux puissances, étrangère aux armes, aux violences, sans désir de domination, soumise aux maîtres de la terre, s'insinue insensiblement dans le cœur des peuples qui lui donnent volontairement l'existence. La seconde, assise sur le droit de conquête, confiante dans la force de ses satellites, orgueilleuse de ses succès, semble n'avoir point de rivale à redouter. L'une entourée de périls qui la menacent dans tout son être, se fortifie dans les dangers, et trouve son accroissement dans les revers. L'autre ne vit que par l'action de sa force toujours agissante; enivrée de ses triomphes, elle ne peut sonder les plaies qui la déchirent. La religion, sans espoir de protection, exposée à la haine, à la jalousie des schismatiques, n'a de salut qu'en elle-même, dans l'éclat de ses vertus, dans l'union de ses membres. Le schisme sur le trône, certain de soulever à son gré les passions des hommes, d'ébranler les liens de l'unité de l'Eglise, par des persécutions ou des faveurs, s'endort sur les dangers de l'état, et ne voit même dans le crédit du clergé catholique sur les peuples, qu'une garantie de plus de leur aveugle soumission. L'une enfin trouve en elle-même tous les élémens de sa perpétuité, tandis que l'autre qui n'a point les conditions de sa conservation, nourrit elle-même les semences de sa destruction.

Tel était alors l'état de l'Italie, au moment 511.
de la mort de Clovis. Néanmoins, malgré sa fausse sagesse, Théodoric nous fait voir ce que peut un monarque qui veut, et quelle est la puissance d'une volonté ferme sur les hommes. Commandant à des nations diverses et éloignées, toutes restent soumises à ses lois. Tous les délégués de son autorité, animés de son esprit, semblent n'avoir avec lui qu'une ame et une pensée. Il avait rendu le repos à l'Italie, son lieutenant Theudis le rend à l'Espagne, déchirée par ses divisions intestines.

TROISIEME PARTIE.

L'ESPAGNE.

CHAPITRE PREMIER.

Tableau de l'Espagne et de l'Eglise, avant le règne d'Alaric, roi des Visigoths.

475. L'ESPAGNE, en proie aux diverses nations barbares, que leur ardeur belliqueuse et l'appât du pillage avaient attirées dans son sein, avait été long-temps le théâtre de guerres sanglantes. Enfin les Vandales étaient passés en Afrique pour d'autres conquêtes; les Suèves, vainqueurs des Alains, avaient fondé un royaume dans la partie occidentale de la presqu'île, et les Goths, alliés des Romains, étaient, à la chute de l'empire, maîtres de la Gaule Narbonnaise et de presque tout le reste de l'Espagne, dont les Grecs n'occupaient plus que quelques cantons voisins de la mer.

Ces peuples presque tous chrétiens, mais tombés depuis long-temps sous les erreurs de l'arianisme y avaient apporté la haine des sectaires pour une religion qui les condamne. Les persécutions s'étaient étendues sur les catholiques. On avait vu les monarques Visigoths empêcher de consacrer des évêques pour les siéges vacans, et même d'ordonner des prêtres, des ministres inférieurs.

L'Eglise était dans la désolation, ses assemblées interdites, le service divin entravé dans les temples. Les églises, veuves de leurs pasteurs, avaient été données aux hérétiques; d'autres tombées en ruine, sans portes, sans couvertures, ne servaient plus que d'abri aux bestiaux.

Les évêques dispersés, envoyés en exil, ne pouvaient alors qu'élever vers le ciel leurs mains suppliantes, pour la conservation de leurs troupeaux. Les peuples abandonnés et réduits au désespoir, tantôt résistant aux persécutions, tantôt cédant aux sollicitations, aux menaces, étaient divisés. Les passions, et non l'hérésie, avaient gagné tout ce que perdait l'esprit de religion. Mais il lui était resté sa céleste origine, et Dieu qui donne à ses serviteurs des forces proportionnées à la grandeur de leurs travaux, avait permis que leurs souffrances, devenues l'objet de l'admiration des hommes, arrêtassent un grand nombre de fidèles, sur le bord du précipice que leur avait creusé l'erreur.

Aussi dans ces temps de douleur, cette Eglise militante pour le salut des ames confiées à ses soins, avait fini par triompher du cœur des rois, par ses vertus, par sa constance, par ses miracles. Alaric, roi des Visigoths, contemporain de Clovis, avait été touché de sa résignation et de ses souffrances. A son avénement à la couronne, l'Eglise respirant, put enfin rassembler les débris des fidèles, échappés à la persécution.

CHAPITRE II.

Alaric, roi des Visigoths. Code Théodosien.

481. ALARIC, parvenu au trône de son père, et par droit de naissance et suivant l'usage, par les acclamations des grands, se trouve en Espagne, le paisible possesseur de la plus grande partie de l'héritage des Romains. Les guerres qui avaient servi à accroître la puissance de ses prédécesseurs, le schisme dans lequel ils avaient été plongés, en entretenant le caractère de férocité commune aux souverains de ce temps, avaient arrêté dans le royaume des Visigoths, les progrès de la civilisarion à laquelle la douceur de la religion et les sciences en honneur semblaient avoir appelé son peuple. Si les ténèbres du paganisme étaient dissipées, les pas-

sions humaines s'étaient frayé une nouvelle route pour se déborder avec licence , et avec une licence d'autant plus funeste pour les peuples, que, sous le masque même de quelques vérités chrétiennes, elle mettait en question la lumière qui avait triomphé des erreurs les plus anciennes.

Alaric cède à toutes les influences de son siècle ; cruel envers ses sujets, indifférent sur la religion, il s'applique cependant à réparer dans l'intérieur de son royaume les désordres qui y règnent. Se voyant solidement établi sur le trône, sentant que la prospérité d'un peuple consiste dans la stabilité de ses institutions, dans la fixité des rapports des citoyens entr'eux, il fait recueillir sous le nom de *Code Théodosien*, les lois de l'empire qu'il veut imposer à sa nation. Ce monument atteste son instruction, ses connaissances, sa science dans l'art de gouverner.

Quoique l'état de la société fût plus avancé, plus formé en Espagne que dans aucune autre partie de l'Europe, les Goths, jusqu'alors, n'avaient eu aucune loi écrite. La propriété acquise sans titre et par droit de conquête, était seulement confirmée par l'usage. Les anciennes concessions de l'empereur Théodose avaient bien donné lieu à des partages ; et l'exemple des

Romains, en leur inspirant le goût de l'agriculture, avait attaché ces conquérans au sol. Mais ces propriétés, déjà anciennes dans les mains des Goths, avaient subi des changemens importans, par l'effet du cours du temps.

Les travaux de la guerre les rappelant sans cesse à des combats, avaient laissé leurs biens et leurs familles exposés aux dévastations et aux pillages. Ces maux qui en sont inséparables, avaient déjà rompu l'égalité des partages. Les plus faibles ou les plus timides avaient été obligés de céder une portion de leurs propriétés, pour acquérir des protecteurs. Par ces circonstances, des grands s'étaient élevés au-dessus des autres, et pouvaient porter ombrage aux souverains.

Ainsi s'étaient écoulées des générations, pendant lesquelles les Goths avaient joui des biens acquis, sans règle et d'une manière précaire, toujours dans l'incertitude de transmettre leurs héritages à leurs enfans, de les conserver même, cherchant leurs droits tantôt dans la force, tantôt dans des usages reçus de leurs pères, et combattus par les usages des peuples asservis.

Il fallait donc fixer les conditions de la propriété, soit pour la tranquillité des Espagnols et des Romains, soit pour la sûreté même des conquérans. C'est ce que fait Alaric. Les Goths, peu attachés à des coutumes, sources de difficultés entr'eux et les naturels du pays, d'ailleurs habitués à suivre les traces des Romains, reconnaissent le code Théodosien, qui depuis est devenu *le for des juges*, et la justice se rend au nom du roi, comme elle l'était auparavant au nom des empereurs.

CHAPITRE III.

Mode de succession à la couronne. Origine des titres en Espagne. Etat du royaume des Visigoths.

La couronne, élective dans l'origine, était un fardeau dangereux à porter au milieu d'une nation aussi féroce. Le massacre de plusieurs chefs ou rois, avait ouvert le chemin du trône aux ancêtres d'Alaric. Leurs succès dans les guerres contre les Romains et contre les barbares répandus en Espagne, les avantages réservés aux chefs dans le partage du butin et des pays conquis, leur avaient donné une puissance supérieure à celle de leurs compagnons d'armes, et avaient habitué les grands à leur laisser retenir l'autorité, et désigner leurs successeurs comme seuls dignes de leur commander. Ainsi le trône était devenu la propriété d'une seule famille; mais il n'était aussi la propriété que d'un seul des enfans du dernier roi, reconnu par les acclamations et le consentement des grands.

Cet ordre de succession, mélangé d'élection et d'hérédité, effet de l'influence d'un pouvoir acquis et de la fierté de la nation, ne laissait subsister d'autre ambition à la couronne que celle des frères, jaloux de n'être point préférés. Plusieurs s'étaient assis sur le trône fumant du sang de leurs frères, immolés de leurs propres mains.

Mais l'inconduite, des prodigalités intempestives, une guerre malheureuse, la jeunesse de l'héritier pouvaient être autant de causes de retour au simple mode d'élection. Tout était donc précaire par l'imprévoyance du pouvoir qui s'aveugle presque toujours sur sa force, et le sort des peuples restait abandonné au hasard des événemens, comme nous le verrons dans la suite de cette histoire.

Les souverains de cette nation, si longtemps alliée des Romains, avaient cru de leur dignité et de leur grandeur d'imiter les empereurs, dans une distribution de titres à leurs grands officiers. Ainsi s'étaient déjà introduits ceux de ducs et de comtes, titres attachés aux places, aux emplois et non aux familles. C'étaient des commandans d'armée, des gouverneurs de villes ou de provinces, quelquefois des hommes puissans attachés au service de leur palais, comme dans l'empire.

L'état de l'Espagne paraît donc alors entièrement modelé sur les institutions de l'empire grec.

Alaric, en soumettant les Goths aux lois romaines, lui avait donné le dernier trait de ressemblance.

CHAPITRE IV.

Etat de l'Eglise, sous Alaric.

Ce prince, témoin des persécutions exercées contre les catholiques, sous le règne d'Euric, son père, touché de leurs souffrances, rassuré par leur soumission, permet enfin aux évêques l'exercice de leurs fonctions. Mais le clergé d'Espagne, privé depuis si longtemps de ses conciles nationaux, ne jouissait point encore de ces assemblées, si utiles alors à l'unité de la foi et à la discipline de l'Eglise. Le souverain pontife était son seul refuge, sa seule force, pour éclairer les peuples sur les dangers et les erreurs d'un schisme. En conséquence, le pape sentant sa présence et son autorité nécessaires, pour indiquer la voie à suivre, au milieu de tant d'écueils, avait placé l'évêque de Séville, comme une lumière à la vue des fidèles. L'instituant son vicaire, son représentant, il l'avait investi de tous ses pouvoirs, pour terminer les différens entre les évêques, surveiller le clergé, et remplacer l'autorité des conciles interrompus.

Pendant ces troubles de l'Eglise, les laïcs,

inquiets et incertains sur le sort des libéralités qu'ils pouvaient faire en sa faveur, avaient restreint leurs dons. Portés à raisonner sur les matières religieuses, et par là même, éloignés du goût de la retraite, de la contemplation, de la prière, ils n'avaient pu songer à fonder des monastères ; au moins les moines étaient-ils alors beaucoup plus rares en Espagne que dans les autres pays de la chrétienté. Les souverains, engagés dans des doutes religieux, uniquement guidés par l'intérêt et la politique, ne pouvaient trouver dans l'hérésie, des ressorts assez puissans pour déterminer leurs largesses. Quelques solitaires cependant offraient aux regards du peuple l'exemple de leurs vertus et de leur pénitence volontaire.

Au reste, les superstitions romaines n'ayant pu être combattues avec avantage, pendant les troubles de l'Eglise, étaient ouvertement pratiquées dans toutes les classes de la société.

CHAPITRE V.

Conquêtes de Clovis. Mort d'Alaric. Troubles du royaume des Visigoths. Sa soumission au roi Théodoric.

L'EGLISE d'Espagne avait employé le temps de son repos à réparer ses désordres et ses pertes ; mais depuis la conversion de Clovis, les mêmes

effets que nous avons signalés en Italie, développent les vices d'un gouvernement conduit par les passions, et égaré dans ses croyances religieuses. Alaric, à la tête d'une nation divisée par le schisme, et dont une partie est prête à se jeter dans les bras d'un libérateur, voit sa jalousie et sa haine allumées par ses craintes. S'abandonnant à sa férocité, il se porte aux violences les plus révoltantes, lorsque Clovis, poussé par le zèle de la religion, entreprend de délivrer les Gaules de la domination des hérétiques. Ni l'alliance du roi Théodoric dont Alaric a épousé la fille, ni la médiation de ce grand monarque, ni les secours qu'il en attend, ni la bravoure du peuple Goth, si redouté parmi les nations barbares, ne peuvent raffermir sa puissance ébran- 507.
lée; et il succombe dans le premier combat sous le fer de son vainqueur.

Par l'effet de la conquête de Clovis, les Eglises hérétiques des Gaules sont réconciliées à la foi. Mais en Espagne, la mort du roi Alaric n'apporte que trouble et confusion. Amalaric, son fils, est méprisé pour sa jeunesse. Gesalric, le fils de la concubine, est élu roi du consentement des grands et du peuple. Car, dans ces temps de barbarie, malgré le règne du christianisme, la pluralité des femmes étant tolérée chez les laïcs, les bâtards pouvaient être appelés à succéder à leur père. Le consentement des grands colore l'usurpation du nom d'élection. Mais ce prétexte d'une ambition coupable qui veut se frayer le chemin au trône, ne fait que nourrir et enflammer d'autres ambitions. Aussi est-il presque toujours pour les peuples le signal des meurtres et des carnages.

L'Espagne en proie à des guerres civiles et étrangères, ne retrouve le repos qu'après sa soumission aux forces de Théodoric, roi d'Italie.

CHAPITRE VI.

Le royaume des Suèves.

Le royaume des Suèves, fondé en Espagne et dans la Galice, gémit à la même époque, sous le poids des mêmes erreurs, et offre le même esprit, les mêmes usages, les mêmes troubles que celui des Visigoths.

QUATRIEME PARTIE.

DE LA GRANDE-BRETAGNE.

CHAPITRE PREMIER.

Etablissement des Saxons en Bretagne.

PENDANT que les provinces les plus rapprochées du centre de l'empire romain, avaient vu se former de leur démembrement, des états puissans, la Bretagne plus éloignée, défendue par sa position insulaire, avait été exposée plus tard aux incursions des barbares. Les Pictes, les Scots, ses voisins, avaient été long-temps contenus par l'aspect de la grande muraille, élevée comme une barrrière contre leurs déprédations.

Par l'abandon de Rome, toute l'organisation du gouvernement s'était trouvée détruite. Les Bretons, policés par leurs anciens maîtres, furent dans la nécessité de pourvoir eux-mêmes aux besoins et aux intérêts de leur société.

Sous les Romains, la possession des terres donnait une grande influence, elle devint alors source d'autorité et de juridiction. Les divisions du territoire, faites sous l'empereur Constantin, avaient créé des habitudes et des relations entre les divers habitans. Les plus puissans furent nommés chefs de cantons, et entr'eux ils avaient élu un duc pour les gouverner, diriger leurs forces contre leurs ennemis, et veiller à leur conservation.

Mais ces chefs, amollis par le luxe, point exercés aux travaux de la guerre, incapables de chercher le salut de leur patrie dans des résolutions généreuses, commandant à un peuple timide, inhabile comme eux à porter les armes, n'avaient pu opposer de résistance à leurs voisins belliqueux, qui, franchissant la grande muraille, livraient leurs habitations au pillage. Dans leur désespoir, ils avaient en vain supplié les Romains de leur donner quelque secours; et sur leurs refus réitérés, ils avaient appelé pour les défendre les Saxons, nation guerrière qu'ils avaient espéré retenir à leur solde.

Ces étrangers armés, au milieu d'un peuple sans défense, en garnison dans les lieux les plus fortifiés, avaient bientôt été séduits par l'appât d'une conquête facile qui s'offrait à leur cupidité. Ils n'avaient point eu de peine à décider d'autres chefs de leur nation à prendre part au riche butin qui brillait à leurs yeux. Déjà plusieurs rassemblemens de diverses tribus saxones s'étaient jetés sur la Bretagne.

Les Bretons trompés dans leur espoir, trahis ensuite par les auxiliaires à qui ils avaient confié leur défense, sans expérience encore dans l'art de la guerre, n'avaient eu d'autres ressources que la voie des négociations, pour ne pas tomber sous le joug des barbares. Le fléau de l'anarchie était venu empirer leur position. Les chefs, divisés avec leur duc qui avait été élevé à la dignité de roi, accusant son incapacité, sa faiblesse, ne lui permettaient d'espoir et de soutien contre leur mutinerie, que dans la force des étrangers.

En conséquence le roi avait conclu des traités avec les Saxons. Des terres leur avaient été abandonnées, pour y former des établissemens. Mais à peine croyait-il avoir satisfait leur cupidité, qu'un essaim de tribus nouvelles, conduites par un chef nouveau, venait, le fer à la main, commander de nouveaux sacrifices, et réduire ses sujets en esclavage. L'excès de leurs maux avait enfin réveillé le courage des Bretons, et pendant le règne de Clovis, ils combattaient encore pour leur liberté. Arthur, le plus illustre de leurs rois, soutenait à l'époque de sa mort, avec des efforts héroïques de valeur, la cause de sa patrie expirante.

CHAPITRE II.

Circonstances particulières à l'établissement des Saxons en Bretagne.

La jalousie, le caractère des chefs saxons qui étaient débarqués dans la Bretagne, avaient concouru à prolonger sa défense. Aucun ne voulant reconnaître de maîtres, tous cherchant à rester possesseurs et souverains des pays où ils s'étaient établis, fondaient des principautés indépendantes les unes des autres, toujours prêtes à s'opposer à l'agrandissement de leurs rivales. Ainsi les Saxons avaient vu naître la difficulté d'étendre leurs conquêtes, des compagnons mêmes de leurs travaux. Les Bretons, par ces circonstances, avaient encore l'espoir de maintenir leur indépendance dans les terres qu'ils n'avaient pas cédées.

De cette lutte prolongée entre les naturels du pays et les barbares, était née une combinaison nouvelle et inconnue jusqu'alors dans les autres parties de l'empire. Partout les vaincus s'étaient plus ou moins amalgamés avec les vainqueurs, qui en avaient reçu quelques traces de civilisation. Mais la plus grande partie des Bretons s'était concentrée dans les provinces qui leur restaient, et ils avaient laissé les Saxons presque sans mélange de leur nation, livrés entièrement à leurs usages grossiers. Le reste avait fui une terre de désolation et de carnage, et s'était réfugié dans la Gaule armorique, nommée depuis Bretagne, pour y jouir en paix de leurs lois, et surtout de leur religion. Ces peuples, éclairés des lumières du christianisme, redoutant de tomber sous la domination des payens, qu'ils avaient en horreur, avaient été les premiers à aller au-devant du joug de Clovis, après sa conversion.

Plusieurs chefs Saxons avaient donc alors fondé des états dans la Bretagne. Les Angles avaient marché sur leurs traces, et avaient obtenu les mêmes succès.

CHAPITRE III.

Des Saxons. Aperçu de leur organisation civile et militaire, de leurs mœurs, usages, justice et religion.

MALGRÉ la ressemblance que les Angles et les Saxons peuvent avoir avec les autres barbares, sortis comme eux de la Germanie dont nous avons rapidement tracé les usages, il entre essentiellement dans notre sujet de peindre la situation particulière de ces peuples, nouvellement transplantés dans une terre non encore conquise, à l'époque où nous nous trouvons. Le tableau de cette société naissante servira à nous faire connaître les changemens survenus par le cours du temps, chez celles qui avaient été plus anciennement fixées par la conquête.

Ces conquérans, naguères pasteurs, étaient divisés en familles et en tribus. Le père, chef de la famille, la commandait dans les expéditions étrangères, comme dans son gouvernement intérieur. L'un d'eux avait été élu par les autres pour conduire leur tribu entière. L'âge, dans cet état de nature, attirant le respect et la déférence, le choix tombait ordinairement sur le plus ancien en état de porter les armes. Tous les pères de famille concouraient à choisir parmi eux le chef de plusieurs tribus, dans la formation de leurs confédérations particulières, dont le plus ancien chef de tribu recueillait ensuite à son tour le commandement. Suivant la grandeur de l'entreprise, tous étaient appelés à l'élection d'un général commandant à toutes les tribus réunies, et connu sous le nom d'*Heretoch*, duc.

Les chefs de tribus s'arrogeaient aussi cette dénomination. Quant aux pères de famille, ils étaient désignés sous le nom d'*Anciens* (1).

Chaque chef jouissait dans ses rapports avec ses inférieurs, d'une autorité absolue, comme celle d'un père sur ses enfans. Chez une nation

---

(1) *Aldermen*, *Elder*, d'où peut être venu *Earl*, *comte*.

incapable de réprimer ses passions, et dont l'éducation et les exercices tendaient à exalter le courage, le sentiment de la force, et parconséquent les violences; chez une nation trop ignorante, pour user de prudence et de réflexions, le pouvoir devait être sans contrôle, et la soumission entière. Aussi, sur la plus légère provocation, les chefs tuaient indistinctement par colère, et non pour cause de discipline, leurs esclaves, leurs dépendans, leurs enfans même, enfin tout ce qui opposait de la résistance à leurs volontés, ou à leurs caprices.

Les femmes ordinairement achetées de leurs pères par leurs maris, dont elles pouvaient recevoir une dot, n'étaient considérées que comme les premières esclaves de leurs époux.

Le pouvoir des chefs était donc absolu et dérivait évidemment de l'usage de l'autorité paternelle, liée à l'état de nature.

Chaque famille possédant ses troupeaux en commun, ne connaissait pas la propriété des terres qu'elle quittait, lorsque le sol ne pouvait plus suffire à la nourriture de leurs bestiaux. Dans quelques tribus moins errantes, les ducs distribuaient annuellement les terres entre les familles, de sorte qu'aucune ne pouvait s'attacher exclusivement au sol, au détriment de la communauté. Vivant du produit de leurs bestiaux et des travaux de la chasse, n'ayant d'autres habitations pour se mettre à l'abri des injures du temps, et des attaques des bêtes féroces, que des loges grossièrement construites dans les bois, chaque famille se trouvait dans un état de pauvreté, qui nécessitait peu de lois pour les gouverner. Le commerce même des sexes, étranger aux désirs que fait naître une préférence, était circonscrit chez une nation exclusivement attentive aux premiers besoins de la nature. De là, l'habitude de la fidélité conjugale, si vantée chez les Germains, qui leur donnait l'apparence et l'effet de l'horreur du vice et de la débauche; car plus la chasteté est facile, plus elle est pratiquée, et plus une infraction à ses lois étonne et paraît monstrueuse.

Dans cet état d'enfance de la société, il ne pouvait pas y avoir de lois civiles. Il n'y en avait pas pour la transmission de propriétés qui n'existaient pas. Des enfans pouvaient bien hériter de leurs pères, parce qu'ils étaient capables de tenir leur rang et de remplir ses fonctions, mais non par un droit réel aux choses: et si la fille unique d'un chef paraissait en hériter, c'était moins par un droit de propriété reconnue, puisque tout était en commun, que par la circonstance de son union avec un homme, apte à être élevé lui-même au commandement de la famille. Tous les usages, tous les réglemens étaient subordonnés aux besoins immédiats de la société, calculés pour remédier à des inconvéniens imprévus, et suivis ou abandonnés, suivant les circonstances, pour sa conservation. De là les assemblées fréquentes où tous les chefs de famille étaient appelés pour discuter les intérêts de la communauté, tantôt à un Champ-de-Mars, pour la guerre, la paix, et les hautes mesures de l'état, tantôt dans les tribus où tous les individus pouvaient concourir aux délibérations concernant leurs intérêts locaux.

Mais une réunion d'hommes ne peut exister sans querelles, sans discussions : des frères, Caïn et Abel n'avaient pu vivre en paix. La pauvreté, la jalousie de la chasse, les succès de la guerre, le partage du butin, étaient entre des individus égaux, entre les familles et les tribus, des causes sans cesse renaissantes d'injustices, de meurtres, d'assassinats. D'ailleurs, dans les assemblées générales, les décisions devaient être le fruit de l'unanimité des votes (1), et c'était entre les tribus une source de haîne, de guerres fréquentes, et de scissions.

Aussi l'esprit de vengeance, inné dans le cœur des créatures, était, comme dans toutes les so-

(1) L'unanimité des votes était encore en usage en Pologne, dans le dernier siècle, et le *liberum veto*, suspendant toute délibération, arrêtant la marche du gouvernement, a fini par entraîner sa destruction.

ciétés naissantes, la passion dominante de ces peuples féroces. Il ne se bornait pas à poursuivre les coupables, il s'étendait sur la famille, sur la tribu même, responsables du tort fait par un membre de la communauté.

De cet usage immémorial, dérivait le droit de guerre entre les chefs, pour la conservation de la famille; de là encore le droit de justice confié au chef sur tous ses membres, pour préserver la société des maux qu'un coupable pouvait attirer sur elle. La vengeance était un point d'honneur dans la famille : son intérêt y était lié, des compositions en argent ou en bétail étant introduites par l'usage, pour racheter la paix troublée.

Lorsque par l'accroissement de la population, la famille fut plus étendue, les rapports d'obéissance ne furent plus appuyés sur l'habitude et les liens de la nature. Alors des hommes égaux entr'eux, ne pouvaient laisser subsister un pouvoir aussi exhorbitant sur leurs personnes. L'usage des assemblées en fit convoquer de particulières pour prononcer sur le sort des accusés. Cent hommes, pris dans le peuple, remplissaient dans ces circonstances, l'office d'assesseurs ou jurés, auprès du chef ou centenier chargé de proclamer leur décision, et de prononcer la sentence (1). Le temps

---

(1) La cour de *cent* existe encore en Angleterre.
Brady's History of England.

réduisit ensuite à vingt, à quinze, et à douze, le nombre de ces pairs qui étaient appelés à discuter si le chef de la famille réparerait le dommage, livrerait le coupable, ou prendrait le parti de le défendre. Leur vœu devait être unanime pour la condamnation ; cause fréquente d'impunité, qui devenait une source nouvelle de guerre et de vengeance. Les chefs étaient soumis de même au jugement de leurs égaux, présidés par leurs supérieurs immédiats.

Quant à leur religion, ces barbares, livrés au culte des idoles, enlevaient des prisonniers pour les immoler sur les autels de leurs dieux *Thor* et *Woden.* Ces horribles sacrifices qui habituaient leurs ames à commettre des meurtres sans horreur, étaient à leurs yeux les seuls propres à rendre leurs divinités favorables à leurs entreprises.

La guerre fournissant tout à leurs besoins par le pillage, ils lui rapportaient toutes leurs idées de gloire et de bonheur. Celui qui avait détruit le plus grand nombre de combattans, était le plus en honneur; et dans leur croyance religieuse, les justes, les braves, après leur mort, devaient dans leurs champs-élisées (1), s'abreuver du nectar et des boissons les plus délicieuses, dans

---

(2) *Walhalla*, champs-élisées des Saxons.

le crâne de leurs ennemis. Ainsi leur croyance tendait à nourrir leurs passions de vengeance et d'intempérance, et à porter leur férocité naturelle au plus haut degré envers les vaincus.

La passion du jeu était encore dominante parmi eux, et portée au point que ces hommes si fiers de leur liberté, aveuglés par l'appât du gain, allaient jusqu'à la jouer, et à s'exposer à l'esclavage.

Tels étaient les hommes simples et féroces, que la Bretagne avait imprudemment appelés à son secours. Tels étaient ceux qu'elle voyait se répandre en torrens sur son territoire, pour achever son asservissement.

CHAPITRE IV.

Partage des terres concédées. Influence de la propriété sur le corps de la nation.

LES premiers Saxons, reçus chez les Bretons sous la conduite d'Horsa et Hengist, étant en possession des provinces cédées, et des esclaves acquis par les traités ou dans les combats, trouvant à satisfaire tous les besoins de la vie, et des serfs dressés à la culture des terres, n'avaient songé qu'à consolider leurs établissemens. Suivant le nombre, la force des familles et de leur tribu, chaque chef avait reçu une portion de territoire, subdivisé ensuite entre tous les guerriers.

Ces guerriers ou hommes libres étaient divisés eux-mêmes, en maîtres et en dépendans. Les premiers étaient distingués par le nom de *Thanes* (1). Parmi les derniers, les uns étaient employés au service intérieur de la maison, les autres avaient l'inspection sur les esclaves et les serfs qui composaient la classe des paysans, et qui n'étaient comptés pour rien dans l'état.

Ces guerriers, quoique dépendans, avaient reçu dans le partage, une portion de terre déterminée et calculée sur les nécessités de la vie.

Aucun monument n'apprend, d'une manière certaine, quelle quotité de terre leur fut alors distribuée. Mais on peut l'induire d'une loi postérieure, qui oblige les *Thanes* de fournir à l'armée autant d'hommes qu'ils possèdent de *hides* ou mesures de terre (2), d'où l'on peut conclure que tout homme libre, propriétaire d'une mesure de terre, devait le service mili-

---

(1) Mot équivalent à celui de baron, en usage parmi les Francs.

(2) *Hide*, en anglais, signifie peau de bœuf. On appella *hide*, la quantité de terre contenue dans une peau de bœuf, découpée en lanières. Chaque *hide* était estimée 40 acres, correspondant à 27 arpens, mesure de France.

taire, et par conséquent que chaque guerrier devait l'avoir eu en partage. Il paraîtrait encore que ceux qui étaient compris dans la classe des *Thanes*, avaient reçu cinq *hides* ou mesures de terre, comprenant deux cents acres.

Suivant ces partages, des villages furent peuplés de guerriers, tandis que d'autres ne l'étaient que de leurs dépendans, ou de leurs serfs.

Aussitôt après ces partages, ce peuple nouvellement attaché au sol qui lui assurait l'abondance, éprouva des modifications nécessaires, dans ses mœurs, dans ses usages, dans l'état même des personnes. En effet, le travail, l'intelligence, l'économie étant des conditions essentielles de la propriété, influèrent sur toute la société. Les uns, suivant le caractère individuel de chacun d'eux, même suivant le caractère des serfs et des esclaves échus dans leur lot, furent subitement au-dessus de plusieurs qui restèrent dans la médiocrité. Dès-lors, tous ces hommes, égaux auparavant entr'eux, par leur pauvreté commune, cessèrent de l'être.

Plusieurs causes concoururent à ces changemens d'une manière sensible. L'introduction de la possession des biens-fonds nécessita le droit de succession. Le nombre varié d'enfans dans des familles qui n'avaient que la même quotité de terre à partager, ne tarda pas à mettre entr'elles de nouvelles inégalités. Le respect, le crédit, la considération accompagnant toujours la propriété, les chefs qui jouissaient des biens attachés à leurs emplois, purent accumuler des richesses dans leurs mains.

D'un autre côté, les droits du commandement donnaient au duc la plus grande partie du butin. Une portion lui était concédée, pour récompenser les services militaires. De toutes ces circonstances, naissaient encore des inégalités.

Il est vrai que le commandement devenu ensuite la royauté, était tenu, comme autrefois, aux mêmes conditions que celui des autres chefs, pour l'utilité publique. Les prérogatives qui y étaient attachées, étaient celles de la place, et non de la personne qui l'occupait.

Mais le droit de succession, inconnu jusqu'alors, a cause de l'absence des propriétés, venant à s'introduire, il fut le même pour tous les Saxons à la fois, dans quelque situation qu'ils fussent. Dès-lors, la royauté et les emplois durent être prétendus au même titre. Il était en effet difficile que, dans l'enfance de cette société, dans l'état de nouveauté où elle se trouvait, elle pût réclamer l'ancienne distinction existante, lorsque rien de réel, mais seulement des prérogatives étaient attachées aux places; aussi voyons-nous que, dès l'origine de l'invasion, tous les enfans des chefs, devenus rois, héritent du trône et de leur autorité sans contestation. En effet, il était naturel qu'un peuple, habitué à la soumission qui devait grossir à ses yeux l'image de son chef, et y attacher une sorte de superstition, rapportât à sa personne, tous les droits réservés au commandement.

Néanmoins, si par l'introduction des successions, les droits de la place semblèrent passer à l'homme, aux yeux du peuple qui se laisse éblouir par les prestiges de l'autorité, les intérêts de la communauté, la nécessité de la défense, pouvaient ramener l'usage immémorial des élections. En conséquence, les assemblées annuelles où se traitaient les affaires, conservèrent religieusement celui de confirmer le souverain par leurs acclamations.

Là, le pouvoir royal était contrôlé. Là régnait toute l'ancienne liberté des Saxons, là se retrouvaient tous leurs traits ptimitifs; en effet le monarque, isolé en quelque sorte des prérogatives de la royauté, en présence d'une force supérieure et en armes, force qu'il ne pouvait plus contenir dans les bornes de la soumission accoutumée, était obligé de laisser l'indépendance, résultant de l'égalité des droits, à son cours naturel.

Ce mélange de soumission et d'indépendance,

en entretenant chez ces guerriers des sentimens contraires de crainte et de fierté, avait toujours été, et était encore une des causes les plus puissantes de la férocité de ces peuples, alimentée d'ailleurs par leurs institutions religieuses.

Des hommes, engagés ensemble dans les hasards des combats, réunis sous les drapeaux d'une même tribu, en conservant leurs assemblées, étaient trop jaloux de leur liberté pour obéir à des lois qu'ils n'auraient pas individuellement consenties. De là le droit de chacun d'y paraître. De là le droit d'opposition de ceux qui, voulant conserver leur indépendance, la croyaient exposée par une décision.

Mais, comme dans ce temps de danger, le système de défense devait être général, d'ailleurs comme le droit d'opposition pouvait se résoudre par le massacre des opposans, il était rare que l'assemblée n'eût les résultats prévus et préparés par le chef supérieur ou les autres chefs influens.

Le droit d'assister aux assemblées générales existait donc, à l'arrivée des Saxons en Bretagne, pour tout homme libre. Néanmoins les pères de familles ou chefs de village, connaissant les intérêts des membres de leur communauté, prenaient seuls part aux délibérations. Leurs compagnons d'armes qui avaient suivi leurs drapeaux, n'y assistaient que pour appuyer leurs suffrages par acclamations, ou pour les défendre, suivant le besoin.

Aussi cette assemblée était-elle désignée chez les Saxons sous le nom de *Witenagemote*, signifiant assemblée des sages ou anciens.

Presque toujours tumultueuses, à cause du grand nombre de petits chefs qui y paraissaient, elles étaient alors favorables au duc, à cause du désordre au milieu duquel il pouvait faire agréer ses propres plans.

C'est là que se décidaient la paix et la guerre, que se concertaient les plans d'attaque, la marche des différens corps. C'est là que se réglait le contingent des tribus, pour l'expédition projetée. Là se portaient les plaintes pour redresser les abus du pouvoir. Là se rendaient des jugemens. Dans ces commencemens de société, où chacun devait le service militaire et à ses frais, tous les besoins se trouvaient prévus par l'abandon d'une portion du butin. Ce peuple, auparavant pasteur, uniquement adonné au pillage, n'avait donc point à s'occuper d'impôts. Il pouvait néanmoins disposer des biens attachés aux emplois, si la nécessité le requérait.

Les prérogatives du commandement étaient la direction des forces de la communauté, l'exécution des traités, le maintien de la discipline entre les guerriers, la répression des désordres intérieurs, le droit de convoquer l'assemblée générale, de proposer les mesures publiques dans l'intérêt de tous, d'administrer la portion commune du butin, réservée pour l'usage de la royauté. Au reste, le pouvoir ne s'étendait que militairement sur les tribus, maîtresses de s'administrer elles-mêmes suivant leurs intérêts, ainsi que sur les guerriers indépendans dans leurs propriétés ou terres allodiales, pour le gouvernement de leur famille.

Il est sensible que l'exercice de ces prérogatives, joint au pouvoir absolu que nous avons reconnu nécessaire et adapté au caractère, aux mœurs de la nation, était suffisant, pour donner au duc une supériorité sur tous ses rivaux. Sa famille, ses dépendans chargés de ses affaires particulières, devenaient, par la force des choses, ses agens pour l'administration des biens de la communauté.

Alors la division des terres, entre tous les guerriers, les avait fait trop peu considérables, pour obtenir une véritable influence les uns sur les autres. Tous les regards se tournaient donc vers le chef, élevé si haut par dessus ses égaux : et avec l'autorité de la place, il acquerait de plus en plus d'autorité.

Les mêmes causes concouraient à donner aux

chefs des tribus et des familles, dans leur hiérarchie, une supériorité sur le reste de la nation. L'exercice d'un pouvoir fort et immédiat sur les individus, les habituait au respect, à la considération qui l'accompagnent. En effet, tandis que les guerriers trop nombreux pour s'entendre sur un plan uniforme afin de conserver les droits primitifs de leur égalité, la laissaient flotter au gré des événemens; les moyens se multipliaient autour de leurs chefs, pour assurer la prééminence de leurs enfans. Ces guerriers, sans autre éducation que celle qui pouvait servir à rendre leurs corps plus robustes, plus endurcis aux travaux de la guerre, ne pouvaient élever leurs vues d'ambition aux soins d'une administration que nécessitait leur état nouveau de propriétaires. La nature des choses conduisait donc les enfans des chefs, exercés au maniement des affaires, à retenir l'autorité, et devait forcer la nation à en laisser le dépôt dans leurs mains.

Ainsi par les seules circonstances de l'organisation originaire de ces sociétés, et de la modification qu'y apportait nécessairement l'introduction de la propriété, une nation composée d'individus égaux et libres, parut avoir dans son sein, des familles privilégiées et nobles (1).

---

(1) En effet si ces causes n'expliquaient point assez et

Dans ce système de gouvernement, enté sur un gouvernement nomade, il ne pouvait y avoir de partage de commandement, sans une scission de tribus. La succession aux prérogatives des places n'étant fondée sur aucune loi positive, sur aucun autre titre que l'habitude de l'obéissance, et l'exercice de l'autorité, pouvait donc être susceptible de toutes les combinaisons que le jeu des circonstances amenerait, d'une manière fortuite.

C'est ce que les événemens avaient déjà justifié dans les divers états de l'Europe. C'est ce que nous allons suivre d'une manière plus particulière, dans l'étude de l'histoire de la Grande-Bretagne.

---

très-naturellement, l'obscurité des documens sur l'état des personnes, dans ces temps de la fondation de toutes les monarchies de l'Europe, on serait conduit à conclure comme certains auteurs, qu'il existait une noblesse chez ces tribus de pasteurs, antérieurement à leur irruption, quoique tous les matériaux de l'histoire sont autant de preuves irrésistibles de l'égalité des droits entre tous les guerriers de la nation, depuis la conquête; quoique tous s'accordent à dire que l'autorité était temporaire, et ne créait aucuns priviléges. Cette contrariété de conséquences disparait devant l'effet naturel de l'influence du pouvoir, lié à un ordre de choses nouveau, résultant de la propriété. Nous croyons donc être dans la vérité des faits.

CHAPITRE V.

Hengist, fondateur du royaume de Kent, et premier monarque de la confédération Saxonne. Ella, fondateur du royaume de Sussex, deuxième monarque, et Cerdick, fondateur du royaume de Wessex, troisième monarque.

Le besoin d'une défense commune avait d'abord établi entre tous les guerriers la confiance la plus entière ; mais l'amour de l'indépendance, la jalousie pouvaient désunir des chefs égaux entr'eux. Il leur fallait un lien nouveau et plus fort que celui de leur association ordinaire, pour assurer leur succès. Ils avaient à combattre une nation réunie sous l'autorité d'un roi. Dans leurs rapports avec les Bretons, les Saxons avaient pu juger des ressources d'un peuple qu'ils avaient méprisé pour sa mollesse, d'un peuple redevenu redoutable à la voix de son roi.

Il fallait donc s'élever aux yeux de ses ennemis, perdre le nom d'aventuriers, et présenter une organisation plus imposante, plus capable d'attirer le respect. Il fallait donc leur offrir l'image d'un gouvernement semblable au leur. En conséquence, aussitôt que le temps eut affermi les Saxons dans leurs possessions, et que par la mort d'Horsa, Hengist n'eut plus de compétiteurs de sa puissance, il s'était arrogé le titre de roi ; et les enfans de son frère, indépendans dans leurs états d'Essex et de Middlessex qui composaient le partage de leur père, servaient sous les drapeaux de celui qu'ils reconnaissaient pour l'ancien de la famille.

Cependant la nouveauté du titre, décerné à l'âge, à l'expérience, aux longs travaux d'Hengist, pouvait devenir, à son décès, un sujet de discorde entre les enfans des deux frères. Déjà ce roi avait vu s'élever un rival de sa puissance. En effet, Ella, le premier chef d'une colonie saxonne que ses exemples et ses succès avaient attiré dans la Bretagne, trop fier pour se soumettre à un maître, trop faible pour se priver des secours qu'il pouvait attendre d'un ancien compagnon d'armes, affectant lui-même toutes les marques de la royauté, fonde, au milieu des combats, le royaume de Sussex, et ne reconnait le roi de Kent, son ancien, que comme chef de la confédération saxonne. Ainsi dans ces temps d'ignorance, l'instinct de la conservation suffit pour imaginer un système de gouvernement, qui, depuis, s'est réalisé pour la sûreté des princes et souverains de l'Allemagne.

Dans ces circonstances, Hengist associe son
fils Esca à la couronne de Kent dont il hérite 488.
sans contestation, tandis qu'Ella, roi de Sussex,

et le plus ancien des deux, prend aussi, sans discussion, le commandement suprême de la confédération.

Sous ce monarque, une nouvelle colonie
495. saxonne, conduite par Cerdick, vient porter le fer et la flamme dans les provinces occidentales de la Bretagne. Jaloux de recueillir lui-même le fruit de ses travaux, ce duc s'associe bien à la confédération; mais il retient le nom de roi, et il fonde, malgré la résistance la plus opiniâtre, le troisième royaume des Saxons. Enfin après qu'Otha est monté sur le trône de Kent, vacant par
507. la mort d'Esca, son père, Cerdick, le plus illustre et le plus ancien des rois, recueille à son tour le commandement suprême, lorsque Cissa, fils
511. d'Ella, succéde seulement au royaume de Sussex.

L'hérédité du trône, dans l'origine de ces monarchies, avait donc suivi l'usage, introduit pour la transmission des propriétés terriennes. Au contraire, pour le commandement suprême, les Saxons avaient retenu celui de leur état de pasteurs, où le plus ancien devenait naturellement le chef de la famille.

Telle était l'organisation des royaumes fondés par les Saxons, dont nous suivrons les variations pendant la durée de l'heptarchie.

CHAPITRE VI.

Situation des Bretons et de l'Eglise pendant l'invasion des Saxons.

PENDANT que les Saxons avançaient dans leurs conquêtes, la Bretagne, autrefois si florissante, offrait le triste spectacle de la vengeance divine sur un peuple corrompu. Cette patrie d'hommes si illustrés dans ce siècle, par les sciences, les lettres et la religion, avait été le berceau d'une hérésie qui déchirait alors l'Eglise entière. C'est dans son sein que Pélasge avait pris naissance; et le poison de ses doctrines erronées avait été goûté avec avidité, avec orgueil, d'une nation disposée par son luxe et ses richesses, à tous les genres de corruption. La Providence, après avoir inspiré à ceux de ses ministres fidèles qu'elle voulait préserver du naufrage, de chercher un asyle dans la Gaule armorique, semblait livrer cette terre impie aux barbares, pour la châtier d'avoir enfanté l'auteur de tant de troubles dans son Eglise, pour purifier par la flamme et le feu, ses temples indignement profanés par les hérétiques, pour exterminer une race perverse, et renouveler enfin la population toute entière.

Les Saxons, instrumens aveugles de sa colère, semblaient faire la guerre pour la destruction de la religion. Les temples dont ils restaient maîtres, étaient livrés aux flammes et brûlés jusqu'aux fondemens; les prêtres, tombés dans leurs mains, étaient massacrés jusques sur les marches des autels, et les biens des églises partagés. Dans un siècle si fécond en miracles, le clergé de Bretagne n'avait pu faire briller, aux yeux des idolâtres, la puissance des serviteurs du Dieu à qui tout obéit.

La Providence avait permis, pour l'exécution de ses desseins, que, bien loin d'imiter l'esprit de charité des premiers apôtres qui n'avaient pas craint de chercher des dangers au milieu des nations payennes, pour propager les lumières de la foi, les ministres bretons, frappés d'aveuglement, fussent eux-mêmes les plus ardens promoteurs des guerres et des combats. Irrités de la perte des biens dont ils avaient été enrichis, ils avaient enflammé leur nation du fanatisme de la religion, et la dévouaient au martyre, victime de leurs erreurs, lors même que toute résistance était vaine.

Les familles bretonnes, dans les pays conquis, étaient toutes alors exterminées ou errantes, et celles qui combattaient encore sur leurs foyers, égarées par leurs guides, plongées dans les vices que les Romains leur avaient légués, appauvries par les guerres, tombaient dans l'état de barbarie, et sentaient la main d'un Dieu irrité, appesantie sur leur malheureuse génération, prête à descendre dans le dernier précipice.

HISTOIRE
DE
L'ESPRIT DES PEUPLES DE L'EUROPE.

LIVRE SECOND.

CHRISTIANISME. TRIOMPHE DE LA CATHOLICITÉ EN EUROPE.

PREMIÈRE PARTIE.

LA FRANCE.

CHAPITRE PREMIER.

Partage de la monarchie, fondée par Clovis, en quatre royaumes. Effet du mélange de l'esprit du christianisme aux usages des Francs.

Clovis avait régné; mais si, par la volonté divine, il avait fondé l'empire de la religion sur les peuples barbares soumis en France à sa domination, la férocité de ses mœurs et de son caractère l'avaient écarté des voies du Seigneur. Sa race, égarée par ses exemples, ne pouvait échapper aux justes châtimens dûs à ses crimes.

Le royaume des Francs est partagé à sa mort, entre les enfans de Clovis. Thierry, le fils de la concubine, est appelé à porter la couronne, comme les fils de Clotilde, l'épouse légitime. Quatre royaumes succèdent à la monarchie, fondée par tant de conquêtes, achetée par tant de travaux, et donnée à un seul prince, pour l'établissement de la religion chrétienne.

Telle fut l'influence née de l'exemple des empereurs romains, qui, après avoir élevé leurs enfans au rang des Césars, partageaient entr'eux les provinces de l'empire, dont ils n'avaient pu supporter seuls le fardeau.

Tel était aussi l'effet des coutumes de ces peuples barbares, dont la société naissante, livrée à son ardeur belliqueuse, peu expérimentée sur le choix des moyens de sa conservation, croyait trouver dans un semblable partage la garantie de ses propres libertés.

Mais nous y voyons aussi l'effet de la volonté divine, qui allait faire servir les passions de ces divers monarques à la vengeance des crimes de leur père, à l'extinction plus prompte de l'idolâtrie chez la nation qu'il s'était choisie, à la conservation de la religion orthodoxe, exposée à l'apostasie d'un seul souverain; enfin à la puissance de ses ministres qu'il voulait éprouver par la possession des richesses de la terre.

En effet, si le royaume des Juifs fut divisé autrefois à cause des péchés de Salomon; si par là même il fut livré aux horreurs des guerres intestines et étrangères, sans cesse renaissantes, le partage de la France, signe de la colère divine, n'était-il pas un présage certain des maux qui allaient fondre sur la race de Clovis?

La soif de la domination, le désir d'agrandir leurs états, soufflent bientôt dans l'ame des rois Francs, l'ardeur des combats; instrumens de la Providence, pour la punition d'un crime, ils conduisent leurs armées réunies contre le royaume des Bourguignons; et Sigismond, leur roi, meurtrier de son fils, tombe victime de leur ambition. Mais ils ne tardent pas à attirer aussi par leurs excès la vengeance céleste sur leur tête. Clodomir reçoit, dans un combat, la peine du meurtre de la famille de Sigismond; et ses frères, plus coupables que les enfans de Jacob, ses frères portent sur ses enfans leurs mains sacrilèges, et exterminent tous ceux qui sont en leur pouvoir. Clodoalde seul échappe à ce massacre, et s'enfermant dans un monastère, leur abandonne l'héritage de Clodomir. Ces premiers crimes ne sont que les préludes de crimes nouveaux.

En vain la religion opposait ses saintes doctrines à tant d'excès. Quoiqu'elle fût dominante alors, les mœurs des rois Francs, devenus chrétiens, ne purent, au milieu des guerres qui les occupaient sans relâche, adoucir des hommes accoutumés aux meurtres, et les plier au joug d'un Dieu de paix, qui commande amour du prochain et oubli des injures. Les lois de ces peuples qui admettraient l'érat de guerre entre les familles, jusqu'à ce qu'une composition pécuniaire, ordonnée par elles, vînt éteindre les haines et les vengeances, ne pouvaient qu'entretenir leur férocité naturelle. Les Francs toujours armés, toujours prêts à se faire justice à eux-mêmes, ne purent renoncer à des usages dont ils étaient fiers, usages qu'ils regardaient comme inhérens à leur liberté, et comme nécessaires à leur sûreté individuelle, au milieu d'une nation asservie par la conquête. Aussi ne purent-ils concevoir, pour réparations de leurs crimes devant Dieu, que les compositions en argent, autorisées par les lois.

L'Eglise trouvait un avantage temporel dans ces compositions réprouvées par la doctrine des apôtres. Mais désespérant sans doute de dompter ces caractères féroces, se flattant de les façonner insensiblement au joug du christianisme, elle consentit à les recevoir, non comme des compositions pour des crimes, mais comme des dons de charité, de bienfaisance, faits pour attirer les graces du Très-Haut, afin de disposer les coupables au repentir et à la pénitence qu'elle leur imposait.

Malheureusement, les ténèbres qui environnaient encore ces cœurs grossiers et endurcis, ne leur permettaient pas de discerner l'esprit de l'Eglise. L'Eglise elle-même, malgré la pureté de ses intentions, combattue dans sa croyance par quelques-uns de ses enfans qui avaient déjà créé des schismes, recelait dans son sein des ministres cupides et ambitieux, qui mettant à profit les dispositions de ces barbares, pour s'acquérir les jouissances des biens de la terre, accréditèrent cette monstrueuse superstition, le rachat des crimes, au lit de mort, par des fondations de monastères, et des donations aux églises.

Dès lors, les souverains et les peuples entraînés par leurs passions, pleins d'espoir d'assurer le repos de leurs ames dans le dernier moment, n'hésitèrent point, suivant leurs intérêts, à s'écarter ouvertement des voies qui leur étaient prêchées et enseignées.

La série des successeurs de Clovis, pendant les règnes de sa race, n'offre qu'une suite affreuse de meurtres, de trahisons, de parjures, d'empoisonnemens, des crimes enfin les plus atroces.

Nous n'entrerons point dans le récit de faits consignés dans tant d'histoires ; nous nous bornerons à retracer de ces temps de désordres, la marche de l'esprit de Dieu, la marche de l'esprit de l'homme, dans le combat de la barbarie et de la civilisation, introduite par la religion.

CHAPITRE II.

Effet des mœurs des Francs sur les mœurs du clergé.

Après l'alliance dont nous avons parlé des lois des Francs avec les expiations au lit de mort; après l'alliance de la vengeance considérée comme devoir par un long usage, et de l'oubli des injures ordonné par la loi nouvelle, l'arbre du christianisme, enté sur le sauvageon, ne pouvait produire que des fruits imparfaits, jusqu'à ce que sa sève eût étouffé tout autre germe.

Dès lors le levain de la corruption fermenta dans le sein de l'Eglise, et l'ambition du clergé, la soif des richesses marchèrent de front avec les progrès du christianisme.

Un ancien philosophe (1), en parlant des richesses, a dit : « Ce n'est pas la liqueur qui est corrompue, c'est le vase qui la reçoit. » Aussi l'histoire de l'Eglise nous montre-t-elle que, jus-

---

(1) Epicure.

qu'à cette époque, ses vertus ne souffrirent point des dons qui lui avaient été légués par les fidèles. Les évêques enrichis, s'oubliant eux-mêmes, n'étaient que des dispensateurs économes de ces biens, pour le soulagement des indigens.

Mais les mœurs qui font plier les lois, et gouvernent souvent la législation, en se soumettant alors aux dogmes, aux principes religieux, tendaient, pour leur conservation, à séduire le clergé, et entraînaient le relâchement de la discipline ecclésiastique.

L'ignorance des Francs, le mépris des lettres, l'habitude des meurtres, et d'autres circonstances tirées de l'état politique, concoururent à hâter les désordres et à propager la corruption.

CHAPITRE III.

Influence du partage du royaume sur le corps de la nation. Effet des conditions de la propriété, imposées par les lois des Francs, sur les mœurs du clergé.

NOUS avons dit que la monarchie de Clovis avait été partagée entre ses fils. Ils étaient, quand ils parvinrent à la couronne, dans l'âge de l'adolescence. Cédant alors à l'influence de sainte Clotilde, leur mère, si révérée des peuples, ils donnèrent l'espérance de quelques vertus, et pendant les premières années d'un règne paisible, la religion avait étendu et consolidé son empire ; mais les semences de discorde, jetées entr'eux par le partage du royaume, devaient nécessairement éclore.

En effet, la nation des Francs se trouve divisée. Des grands, par l'étendue de leurs possessions, sont les sujets de plusieurs rois, et restent exposés ou soumis par les lois, à des devoirs contraires. Que devait-il résulter de cette position fausse et embarrassante des chefs du peuple ?

A l'âge du développement des passions, la jalousie survient entre les frères, et se perpétue entre les oncles et les neveux. Les enfans mêmes des rois s'arment contre leurs pères. Les grands de chaque royaume, alternativement gagnés, pour favoriser des projets d'ambition, acquièrent plus d'importance; l'autorité royale s'en affaiblit.

Dans ces débats, il était dangereux de faire des mécontens, parmi des seigneurs exercés au commandement. Afin de les retenir sous ses bannières, chacun des rois n'ose déposséder ses *leudes* durant leur vie, des emplois concédés à temps. Il était difficile de ne pas reconnaître les services des pères, morts sur le champ de bataille, en accordant aux fils qui avaient partagé leur pouvoir et leurs travaux, les emplois dont l'usage les avait, en quelque sorte, mis en possession. Ainsi, sans hérédité reconnue, une partie des bénéfices fut concédée, et passa des pères aux enfans (1). Dans ces temps de crise, les largesses des rois leur étaient nécessaires pour fixer la fidélité sous leurs drapeaux, et pour trouver des parjures dans les rangs ennemis.

Alors des grands, encore attachés au culte des idoles, conservaient la haine des ministres de la religion nouvelle. Dans l'état de guerre permanent que cet ordre de choses faisait naître, les violences ne pouvaient épargner les églises, dont les trésors tentaient une soldatesque effrénée ; leur influence ne pouvait manquer de s'exercer sur le clergé.

La tendance des institutions des Francs à un gouvernement aristocratique, avait pris naissance, comme chez les Saxons, dès l'origine de leur établissement, et avec le partage des terres. L'obligation du service militaire avait été attachée à la propriété, et n'admettait point de distinction entre les personnes.

---

(1) C'est ce qu'on a vu dans tous les temps, c'est ce que nous voyons encore aujourd'hui. Les places semblent être la propriété des familles. On veut des survivances ; et dans le choc des événemens, si l'intérêt de l'état commande des déplacemens, des cris s'élèvent de toutes parts, comme si la violence ou l'injustice venaient ravir des droits acquis.

Les évêques, usufruitiers des biens donnés aux églises, se trouvaient donc, par la nature de la société, exposés au pillage du parti vainqueur, et réduits ou à abandonner les préceptes de leur législateur pacifique, pour recourir aux armes, ou à résister à ces barbares par leur prières, et par la force morale de leurs vertus. Malgré l'esprit ecclésiastique qui unissait le clergé dans tous les royaumes, il était impossible que les passions humaines ne vinssent pas troubler son harmonie, d'autant plus que le clergé, soumis par les lois aux conditions imposées à la propriété, était obligé de se faire représenter pour le service militaire.

Aussi voyons-nous qu'alors des hommes, dévoués au culte, commencent à se livrer à l'exercice immodéré de la chasse et des armes. La douceur des apôtres céde à la nécessité où certains pasteurs croient être de se défendre et de défendre leurs églises. Des clercs non lettrés, réussissent dans ces désordres à se faire ordonner prêtres, et même à se faire consacrer évêques; des moines, renonçant à leurs vœux, errent dans un honteux vagabondage. La protection des grands suffit pour être élevé à l'épiscopat. Les rois qui jouissent des investitures, vendent eux-mêmes ouvertement les siéges. Jaloux de l'influence du clergé sur l'esprit du peuple, sans attendre les élections légitimes, ils rendent leurs décrets de nomination, en faveur de ceux dont ils espèrent le plus d'appui. Au milieu des troubles, des clercs osent se révolter contre leurs évêques, déserter leurs églises, usurper les biens qui leur avaient été concédés pour certains services (1). Simonie, libertinage, tout leur paraît permis. Des laïcs, exerçant le droit de patronage accordé pour des fondations, cherchent à s'affranchir de l'autorité des évêques, pour leur nomination aux presbytères, et vendent la charge de veiller au salut des ames. Enfin les monastères de femmes deviennent le théâtre des scènes les plus scandaleuses.

CHAPITRE IV.

Progrès du christianisme. Destruction du royaume des Bourguignons et extinction de l'arianisme en Bourgogne. Réglemens du clergé pour le maintien de sa discipline et pour la civilisation des Francs.

TANDIS que le venin de la licence s'introduit dans les mœurs du clergé, l'œuvre de Dieu néanmoins se poursuit sans relâche. La religion catholique, assise sur le trône des Francs, pénètre

---

(1) Bénéfices ecclésiastiques.

dans toutes les Gaules. Des évêchés et des églises sont bâtis ; des monastères, des abbayes se fondent de toutes parts ; les autels des idoles commencent à disparaître ; l'hérésie même cède à la vérité.

Le roi de Bourgogne, Sigismond, reconnaît l'erreur où sont plongés ses peuples. Déposant l'éclat des grandeurs, pour expier le meurtre de son fils, ce prince converti se soumet à la pénitence publique : et lorsque, pour la punition du crime des enfans de Clovis qui lui ravissent la couronne et la vie, le schisme triomphant est prêt à rentrer dans l'Eglise, sous les auspices d'un nouveau souverain, la main du Tout-Puissant
523. brise à jamais le trône des Bourguignons, et les confond dans la nation des Francs.

Les rois Thierry, Childebert et Clotaire, touchés des vertus des évêques, effrayés d'avoir attiré sur eux la vengeance céleste, comme leur frère Clodomir, protègent les églises, les comblent de leurs libéralités, et écoutent les remontrances des pontifes. Si Clotaire, forcé par ses largesses à accabler ses peuples d'impôts, révoque les priviléges et les immunités du clergé, et lui demande le tiers de ses revenus, la résistance d'un prélat suffit pour le faire rentrer en lui-même. Il entend sans colère ces paroles de l'évêque de Tours : « Il n'est pas juste que vos greniers soient

» remplis de l'aumône des pauvres » ; et au nom des pauvres, les priviléges de l'Eglise sont conservés. Si des saisons désastreuses réduisent des villes à la misère, les trésors du roi d'Austrasie, Théodebert, successeur de Thierry, sont ouverts à la voix d'un pasteur ; et satisfait d'être venu au secours des indigens, il fait don aux églises des sommes qu'on veut lui restituer. Childebert suit un si noble exemple: « Donnez, donnez toujours, » dit-il à saint Germain ; et, Dieu aidant, nous » ne manquerons pas de quoi donner. »

Ces rois, mus par le zèle de la religion, volent au secours de leur sœur Clotilde, persécutée pour son culte, et Amalaric, roi des Visigots, son époux, succombe sous le poids de la colère divine. 531.

Pour conserver l'unité de la foi dans les Gaules, l'Eglise ordonne la réunion des évêques des trois royaumes dans un seul et même concile ; et des monarques ennemis, soumis à la même foi, permettent ces assemblées, et reçoivent leurs décisions.

Le clergé est rappelé à ses usages ; des canons sont dressés contre les prêtres ambitieux, incontinens, simoniaques. Les prélats nommés par la faveur des rois, sont animés de l'esprit de l'Eglise, pour réformer des abus, dont ils sont eux-mêmes des exemples. La discipline est rendue plus sévère pour les clercs, et devient pour les évêques la cause et l'effet d'un pouvoir qui bientôt ne connaîtra plus de bornes.

Les hérétiques réconciliés ne peuvent conserver leurs emplois ; on juge leur conversion peu solide, s'il leur reste encore de l'ambition.

Ceux qui avaient usurpé l'épiscopat par ordre des rois, sont retranchés de la communion des autres évêques, et les ordinations faites sont jugées par les comprovinciaux. On peut ôter aux clercs les biens donnés pour le service des églises, s'ils s'en rendent indignes. Ils ne doivent être poursuivis que devant le tribunal des évêques, pour les affaires criminelles. Enfin les juges ne connaîtront plus des causes qui les concernent, même contre les laïcs, sans la permission de l'ordinaire.

Les pauvres, les veuves, sont déclarés appartenir à la famille des églises, mis sous la protection de l'évêque, et ne peuvent paraître devant les tribunaux, sans son assistance.

L'esclavage est adouci par l'abolition du travail les jours de dimanche, par l'institution des fêtes, par la défense aux serfs de faire des captifs, enfin par la censure des grands.

Les monastères offrent toujours au peuple l'exemple du travail et de la prière. Les terres incultes sont défrichées par les moines. Ils instituent des écoles, pour sauver la science du naufrage dont les menacent les dissentions civiles ; et les charmes de leur charité, enfantant les prodiges de la lyre d'Orphée, attirent la population, et deviennent l'occasion et l'origine de plusieurs villes.

Partout enfin les peuples, guidés par leurs pasteurs dans le sentier de la religion, de la vérité, et de la justice, plus frappés des miracles que des raisonnemens, écoutent avec ttansport des ministres qui viennent apporter un soulagement à leurs souffrances, par l'espoir d'une meilleure vie, récompense des maux que font peser sur eux les passions déchaînées sur la terre.

CHAPITRE V.

Clothaire I, roi de France.

Les passions des rois ne se calment que par la mort de leurs rivaux. Thierry, Childebert, et leur postérité descendent dans la nuit des tombeaux, et Clothaire I réunit seul, sous un même 558.
sceptre, tout le royaume de Clovis, augmenté de celui de Bourgogne, et des provinces auparavant possédées dans les Gaules par les Ostrogoths.

Clothaire, seul maître, veut ressaisir l'autorité perdue dans les vicissitudes des guerres. Les rois, tantôt vainqueurs, tantôt vaincus, n'avaient pu tenir d'une main ferme, les rênes du pouvoir que leur avait laissé Clovis. Les grands avaient pu retenir certains emplois. Les lois des Francs s'étaient établies au milieu des combats. Les Gaulois et les Romains avaient perdu tous les avantages qu'ils avaient acquis à la conversion du monarque. Chargés d'impôts et de services que les rois n'avaient pas osé réclamer des sujets de leur nation, ils avaient été assimilés à de simples colons, sans droits, sans lois. Leurs différens, soumis à ces barbares toujours en armes, et rendant la justice dans les camps, dans les places publiques, ou devant les églises, ne subissaient plus les formes lentes de la procédure romaine, et suivaient les coutumes de leurs juges. Chacun, dans son rang, avait été pesé par les compositions, suivant l'offense, et dans un degré inférieur aux Francs. Le territoire même avait subi des divisions nouvelles. Les comtés avaient été partagés en centuries et en décuries. Chaque Franc avait été compris dans les centuries et les décuries, pour les distinguer de la nation conquise, et former une milice toujours prête à se mettre en mouvement. Les vicaires des comtes, les centurions et les décurions étaient devenus en même temps les juges de leur classe et les chefs de leur force armée. Mais ces juges n'étaient plus les interprêtes des lois, ils exerçaient une autorité arbitraire.

Toute rivalité entre les rois, rivalité qui avait

été si favorable aux grands, étant éteinte, Clothaire use de la plénitude de l'autorité royale. Si les services de ses leudes ou fidèles l'engagent à laisser entre leurs mains, pendant leur vie, les honneurs et les dignités dont il les a comblés, il dispose à son gré, des emplois des deux royaumes de ses frères. Il les donne, comme Clovis, pour un temps, suivant les intérêts de sa couronne, et suivant les services qu'il veut récompenser; et dans le calme qui succède à de si longues dissentions, il montre par ses réglemens et ses réformes, ce qu'est la force et la volonté d'un roi,

Clothaire poursuit partout les abus des agens de son autotité. Il veut que les causes des Romains ne soient jugées que conformément aux lois romaines; et pour assurer l'exécution de son ordonnance, c'est sur les ministres de la religion qu'il compte. Il confie aux évêques le soin de surveiller les juges, de les corriger même pendant son absence, s'ils osent prononcer contre la loi.

Les assemblées des seigneurs et de la nation ne se tiennent plus qu'avec le concours des prélats qui y occupent le premier rang; et pour s'attacher des hommes si honorés du peuple, il renonce aux dîmes en leur faveur, et à tous les droits de la couronne sur les biens possédés par l'Eglise.

Ainsi l'autorité souveraine associe elle-même

les évêques aux plus beaux attributs de la royauté, et fonde leur puissance temporelle. Ainsi fut réuni dans leurs mains ce que Dieu avait séparé, la politique et la religion. Ceux que leur état devait tenir éloignés des intrigues du siècle, se trouvèrent appelés à diriger les affaires du monde. Mais au milieu des ténèbres où était plongée l'enfance de ces peuples barbares, le pouvoir des évêques était un nouveau bienfait de la Providence. Pourquoi le génie du mal, en érigeant leurs intérêts en maximes, les a-t-il fait devier de la voie que l'esprit de l'Eglise leur avait tracée?

Le règne de Clothaire, déjà signalé par tant de crimes, devait être marqué vers sa fin, par une cruauté inouie, faite pour dévouer sa race aux horreurs des dissentions civiles. Chramne, l'un de ses fils, impatient de régner, se révolte contre
561. son père : et vaincu, il est brûlé par ordre de Clothaire avec toute sa famille, dans l'asyle où il attendait son pardon.

Triste exemple de l'endurcissement des cœurs, qui, après cinquante ans d'instructions et de pratiques religieuses, restent insensibles même aux premières lois de la nature et de l'humanité!

CHAPITRE VI.

Nouveau partage de la monarchie française en quatre royaumes. Régence des Reines. 562.

Après la mort de ce roi sanguinaire, le royaume des Francs est de nouveau partagé entre ses quatre fils. Aussitôt la discorde rallume ses flambeaux mal éteins. Charibert, roi de Paris, 566.
échappe seul, par une fin prématurée, aux malheurs des temps. La capitale de ses états, Paris, objet de l'ambition des trois souverains qui lui succèdent, obéit à trois maîtres, dont aucun n'y peut résider, sans le consentement des autres. Sigebert, roi d'Austrasie, et Chilpéric, roi de Neustrie, excités par la haine, la jalousie, la vengeance, livrent leurs peuples à la fureur des combats. Gontran, roi de Bourgogne, ne peut rester neutre entre ses frères. Protecteur et soutien des rois enfans que le crime a privés de leurs pères, il est en proie aux piéges, aux perfidies, aux fureurs de deux reines ennemies.

Comme la Judée avait retenti des horribles attentats des Athalie et des Jezabel, l'Austrasie, la Neustrie, la France entière frémissent à la vue de ceux des Brunehaut, des Frédégonde. Des générations de rois, immolées à leur soif de régner, signalent l'époque des premières régences.

CHAPITRE VII.

Manifestation des desseins de Dieu sur la France.

MALGRÉ les troubles des guerres civiles, l'arbre de la religion toujours triomphante, toujours aidée des miracles, jette dans le royaume des racines plus profondes, et étend ses rameaux jusques sur les terres étrangères.

561. Théodemir, roi des Suèves, frappé de l'impuissance des ministres ariens, et des merveilles opérées sur le tombeau de saint Martin de Tours, abandonne le schisme et rentre dans le sein de l'Eglise catholique.

565. Clodosinde, sœur des rois français, élevée par son mariage sur le trône des Lombards, devient cause de la conversion de leur souverain, et du renversement de l'hérésie, tandis que Berthe, fille de Charibert, devenue reine de Kent, prépare son époux, roi des Saxons, à recevoir, pour le bonheur de son peuple, les lumières de l'Evangile.

Ingonde, fille de Sigebert, épouse Herménigilde, associé au trône des Visigoths, séduit ce prince par ses vertus, et lui fait abjurer l'arianisme. Les mérites de sa conversion qui lui attire la palme du martyre, promettent aux peuples la délivrance de leurs erreurs. Son esprit revit dans

Recarède, son frère, qui extirpe l'hérésie, à son avénement à la couronne. 585.

Ainsi Dieu fait éclater la grandeur de ses desseins sur la France, et nous montre qu'il l'a choisie pour être la source d'où partent tous les rayons de lumière qui doivent éclairer l'Europe entière.

CHAPITRE VIII.

Affaiblissement de l'autorité royale. Commencement de l'hérédité des bénéfices. Effets des désordres civils. Accroissement de l'esclavage.

Pendant les tumultes des dissentions civiles, les liens de l'autorité souveraine se relâchent davantage. Les grands ne trouvent plus d'opposition à leurs projets ambitieux. Ils usurpent l'hérédité des terres données en bénéfices.

Cédant à la nécessité, les reines et les rois achètent à force de sacrifices, les secours et les services qui leur sont dus. Gontran, roi de Bourgogne, Childebert, roi d'Austrasie, consacrent à Andelot en faveur de leurs leudes, la 587.
perpétuité des concessions faites par eux ou leurs ancêtres. L'hérédité des bénéfices affaiblit la couronne de tout ce qu'elle ne peut plus donner à vie pour récompense. Les besoins du

trône font charger les peuples d'impôts; des Francs même sont inscrits sur le registre des cens. Leurs priviléges sont arbitrairement violés dans les désordres. Si les assemblés du Champ-de-Mars se tiennent encore, ce n'est que pour décider des combats. Le bien public est négligé par ceux qui ont intérêt à toutes les usurpations.

Les rois n'ont plus que l'odieux moyen des confiscations, pour faire rentrer les biens dans le domaine de la couronne. En conséquence, des sujets fidèles sont arbitrairement accusés de félonie. Mais les plus grands méprisent les jugemens des magistrats. La guerre les met à l'abri du danger des condamnations. Infidèles à leur sermens, ils peuvent trouver un appui, en passant dans le camp ennemi; ils osent même appeler des jugemens à leur épée. Les combats entre les propriétaires ajoutent aux malheurs des guerres entre les puissances.

On vit dant ces temps affreux, les faibles opprimés, exposés au pillage, à toutes les violences, forcés de chercher protection en s'unissant, ou en se soumettant aux seigneurs les plus puissans. On vit alors des hommes libres, réduits, pour payer les impôts, à vendre leurs enfans et à se livrer eux-mêmes en servitude. Les colons, les esclaves soumis à l'impôt sur leurs têtes, soumis à l'impôt sur leurs biens, voyaient encore détruire le fruit de leurs travaux, ravir toutes leurs espérances.

Alors l'état des personnes commence à changer. Les propriétés allodiales diminuent, les propriétés tenues en *précaire* (1) s'établissent, et tendent à donner naissance à un système nouveau et féodal.

Sans relations, sans industrie, sans commerce, la nation appesantie sous le joug des gens de guerre, laisse s'épaissir les ténèbres de l'ignorance; les villes seules conservent des hommes libres et des affranchis et elles reçoivent la loi des rois, alternativement vainqueurs ou vaincus.

Les abbayes, les églises, les monastères offrent des asiles à peine respectés; nombre de malheureux y vendent leur existence.

CHAPITRE IX.

Suite des désordres civils. Leur action sur les mœurs du clergé, et la réaction de celles-ci sur les mœurs du peuple.

En vain de saints évêques, saint Germain de Paris, saint Grégoire de Tours, saint Ço-

(1) On donnait son bien à une église, ou à un homme puissant pour obtenir leur protection, et on en retenait

lomban, abbé, et d'autres illustres personnages, appelés par leurs rangs dans le conseil des souverains, cherchent à opposer une digue aux torrens des passions. En vain ils représentent aux reines et aux rois la grandeur des maux qu'entraînent leurs divisions.

Un état de guerre permanent embrase la France entière. La férocité des lois qui commandent aux chefs de la nation de prendre parti dans leurs querelles, achève de corrompre les mœurs de l'Eglise même. Ceux qui doivent avoir horreur du sang, des évêques chargés de prêcher un Dieu de paix, endossent la cuirasse, vont habiter les camps, prennent part aux combats; et pour conserver en leur possession, les biens de la terre, livrent à un fer ennemi ceux qu'ils avaient promis de guider dans le chemin du ciel.

Salonius et Sagittaire, l'un évêque d'Embrun,
575. l'autre de Gap, donnent les premiers l'exemple de ce scandale. D'autres, admis à la familiarité des rois, abusant de leur crédit, soufflent le feu de la discorde, entrent dans des conspirations contre leurs souverains (1), cèdent à toutes

---

la jouissance, en payant un cens. Ce genre de biens était appelé *précaire*.

(1) Gilles, archevêque de Rheims, fut condamné au con-

les séductions du siècle; et pour leurs intérêts particuliers, ils brouillent les affaires de l'état, arment le frère contre le frère, l'oncle contre les neveux.

Dès-lors tout respect pour les clercs est perdu par des gens toujours en armes et habitués au carnage. Les asiles des Eglises sont violés; des prêtres, des évêques en sont arrachés, outragés, chargés de chaînes, massacrés. Des moines sont chassés de leurs monastères, les vierges saintes profanées, les vases sacrés enlevés, les églises affligées de toutes sortes de plaies.

La licence des temps empire les mœurs du clergé. Tous les devoirs sont méconnus, l'instruction négligée, l'étude, la lecture méprisées; la discipline est sans force quand l'ignorance est à son comble. L'incontinence, la simonie, les pillages, ne paraissent plus que des actions naturelles et ordinaires. Des religieuses se révoltent contre leur supérieure, s'engagent ainsi que des moines, dans les liens du mariage, s'arment aussi pour leur défense, se livrent à tous les excès.

Des clercs, des moines, qui, dans des temps plus prospères, eussent sans doute donné l'exemple des vertus, abusent de la supériorité de leurs

---

cile de Metz en 590, pour crime de lèse-majesté, ainsi que d'autres ecclésiastiques.

lumières. Ils ont remarqué que ces guerriers barbares et ignorans ne conservent de respect que pour les lieux signalés par les miracles des saints. La grossièreté de la nation, sa crédulité offrent à des hommes encore instruits dans les sciences du siècle, des moyens faciles de tromper, pour frapper ses sens, par des faits inexplicables à la raison dans son enfance. La science est prostituée à forger des merveilles, à créer des prestiges, reçus pour vrais sans examen par l'ignorance étonnée. Les effets sont d'attirer de nouveaux dons, de nouvelles offrandes, et de se préserver des meurtres et des pillages; même des imposteurs, se disant le Christ, séduisent les peuples des campagnes.

Aussi l'erreur étend le voile des plus épaisses ténèbres sur toute la France. L'esprit de la nation, avide de ces illusions, ne cherche plus que des choses surnaturelles. L'idolâtrie, dans ce délire de la raison, reparaît sous ses anciennes formes. Le levain de la superstition qui a corrompu la pureté de l'Eglise, fait éclore toutes sortes de superstitions; et la divination, appelée le sort des saints, est pratiquée par des ecclésiastiques même. On vit alors des grands, des fils de rois, des rois même, assistés de clercs, déposer solennellement sur les tombeaux des saints, les livres de l'Evangile, pour apprendre à leur ouverture le sort qui leur était destiné, tandis que le peuple adressait des vœux et des offrandes à des arbres, à des pierres, à des fontaines, et tous se disaient chrétiens.

Ainsi, par la permission de Dieu, dans ce combat du bien et du mal, la religion dont les confesseurs avaient autrefois supporté avec constance la persécution jusqu'à être martyrs, pour arracher les payens à l'empire des sens, la religion qui était alors livrée dans l'Orient à la persécution des sophistes, pour faire briller la vérité d'un plus grand éclat, et amener le triomphe de la foi sur la raison; la religion, disons-nous, se trouve exposée à une persécution nouvelle, à celle des choses sensibles, pour développer le principe d'autorité confiée à l'Eglise, afin qu'un jour se trouvent fixées d'une manière invariable, les bornes de la puissance spirituelle et de la puissance temporelle.

CHAPITRE X.

Accroissement de la puissance du clergé.

A l'aide de la disposition des esprits tournés au merveilleux, les évêques et le clergé acquièrent une plus grande influence. Les prestiges, comme le faisaient encore les miracles, confirment le respect des peuples pour les chefs de l'Eglise.

L'exercice des fonctions judiciaires qui leur sont attribuées, joint à leur caractère sacré, concentre dans leurs mains les pouvoirs les plus respectables aux yeux des hommes; et l'esprit belliqueux de la nation, bien loin d'être indigné de les voir porter les armes, rehausse à ses yeux le mérite personnel dont il les environne. La supériorité de leurs lumières, dans ces temps difficiles, les rend partout arbitres des conseils. Eux-mêmes, ils dirigent la défense dans les siéges; et si la résistance est inutile, les paroles de paix, dans leurs bouches, ont le plus souvent la puissance d'adoucir les ames insensibles. Appelant les spoliateurs des biens d'église, du nom de meurtriers, d'assassins des pauvres, ils inspirent une terreur salutaire aux auteurs de tant de forfaits et de sacriléges.

Néanmoins ils sont impuissans, pour arrêter tous les désordres, dans l'anarchie qui règne. Mais devenus les principaux instrumens du pouvoir des rois, ils apportent par leur médiation et leurs richesses, des consolations et des soulagemens à la nation opprimée.

Tous ont recours à eux dans leurs peines; et les pillages, les massacres même auxquels les évêques sont exposés, ne peuvent détruire la puissance du clergé.

La défense d'aliéner les biens de l'Eglise, conserve dans ses mains tous ceux qui lui étaient acquis. Les confiscations pour félonies, ou toute autre cause, ne peuvent les atteindre. Les violences qui prévalent partout, ne sont pour le clergé que des occasions d'accumuler de nouveaux biens, pour le rachat des crimes au lit de mort. Le clergé qui ne meurt pas, ne peut donc que conserver et acquérir. Au reste, les églises sont des asiles ouverts aux malheureux, d'où s'écoulent des flots de bienfaisance qui rendent toujours leurs ministres chers au peuple.

La justice à laquelle les évêques président, n'étant plus rien, ou étant sans force, les foudres de l'Eglise sont, dans leurs mains, une autre arme puissante, toujours redoutée des coupables. La séparation de la communion des fidèles, l'anathème lancé contre des guerriers indisciplinés, mais chrétiens, frappés de l'autorité de la religion, les ramènent au tribunal de la pénitence, et donnent naissance à des compositions en argent, pour indemniser des opprimés.

Les rois contemplent, sans effroi, cet accroissement de la puissance du clergé, et ces efforts d'un zèle chrétien, pour punir les excès des leudes qu'ils ménagent, à cause des troubles. Loin de croire leur autorité attaquée, ils s'appuyent sur les décrets des évêques, et cherchent dans les peines infligées, des prétextes pour disposer des emplois des excommuniés et recueillir des amendes.

L'union de tout le clergé, des bons pasteurs, et même des mauvais, pour la répression de toutes les usurpations, donne à leurs admonitions une force, à laquelle la plupart des coupables n'osent résister ; et sous la protection des évêques et des monastères, les petits propriétaires trouvent le refuge le plus assuré.

Toutes les causes concourent donc à faire passer dans les mains du clergé, l'administration du temporel avec l'empire sur les consciences , et dans ce temps de sa puissance , la dîme lui est de
585. nouveau donnée, comme de droit divin , de droit immémorial.

Néanmoins, c'est en vain qu'il réclame les libres élections aux évêchés, suivant les formes canoniques ; là , son pouvoir échoue contre la volonté des rois. Si les conciles tentent de déposer un évêque , élevé par des brigues à l'épiscopat, ils sont prêts à répondre comme Charibert : « Pensez-vous qu'il n'existe plus de fils de rois qui » maintiennent leurs actions , pour chasser » ainsi sans notre ordre, un évêque qu'ils ont » choisi ? »

C'est par cette raison que des conciles, fréquemment tenus , combattent en vain les désordres introduits. L'exemple de quelques prélats barbares entrés dans l'Eglise, malgré son opposition, leurs mœurs , leurs violences, rassurent les moins timides, contre ces tentatives de la suppression des abus. Les anathèmes , les excommunications effraient bien toujours; mais dans le nombre, quelquefois ils servent de prétexte aux mauvais traitemens envers les évêques, et au pillage de leurs églises.

CHAPITRE XI.

Esprit de la fin de ce siècle.

MALGRÉ l'épaisse superstition répandue sur tout le sol français; malgré la barbarie, l'ignorance du peuple; malgré tous les crimes de l'ambition, et toutes les fourberies de la cupidité; enfin malgré la vie licentieuse d'une partie du clergé, l'esprit de la religion n'est point perdu, et semble acquérir une force nouvelle.

Le zèle de la plupart des ministres de l'Eglise, pour la conversion de ces infidèles, excite encore l'admiration et ne se ralentit point. Plus les temps sont difficiles, plus la Providence donne de force et de moyens à ses élus, pour supporter d'immenses travaux. Si l'épreuve de la richesse a trouvé, dans le clergé, des cœurs assez faibles pour y succomber, les vertus de ceux, qui, dans le détachement des biens de la terre, ont conservé la tradition des apôtres, brillent d'un plus grand éclat. Si l'hypocrisie, la mauvaise foi trompent, pour s'enrichir, des aveugles confiés à leur garde, au moins, dans leur conduite honteuse et criminelle, ces hommes avides montrent-ils Dieu pour fin des sacrifices qu'ils arrachent. La morale divine qu'ils foulent à leurs pieds, n'est point attaquée dans le cœur du peuple. Au nom de Dieu, tout semble vrai, tout paraît possible. C'est Dieu qu'on veut obtenir; aussi Dieu permet que la foi, obscurcie par une aveugle crédulité, reste néanmoins entière chez les grands comme chez les petits. Cette foi des apôtres, le trésor des simples et des ignorans, ne reçoit aucune atteinte, dans les attaques de l'ennemi des hommes contre les ministres de l'Eglise. Les superstitions prévalent, il est vrai, mais la soumission du cœur, soutenue par les soins des bons pasteurs, cherche au milieu des ténèbres le chemin du salut.

On ne peut croire alors que la perspective d'une autre vie plus heureuse, d'une vie immortelle, soit une chimère, inventée par les prêtres, pour leur acquérir richesses et pouvoir. On ne peut croire qu'une vie, vouée à la mortification de la chair, aux prières, à la pénitence, à la pauvreté, soit l'effet de la paresse, de l'hypocrisie des moines, pour tendre des piéges à la crédulité du peuple, et s'attirer des offrandes. L'exemple même des abus qu'on condamne, ne peut faire naître une semblable pensée. La bienfaisance toujours agissante, à côté du vice qui s'enveloppe dans l'ombre, fait gémir sur le coupable, et conserve ses droits à la reconnaissance. On ne peut croire que Dieu soit indifférent à la conduite des choses du monde; et ceux qui croient que J.-C., rédempteur et médiateur des hommes, a dû souffrir et a souffert pour les réconcilier avec son père; ceux qui croient à sa mission et à ses préceptes, ne peuvent regarder comme des superstitions offensantes à la majesté divine, de lui prêter les passions de colère et de vengeance contre ceux qui transgressent ses lois, non plus que de chercher à les appaiser par des souffrances volontaires.

La raison, obscurcie par les préjugés des mœurs, peut bien alors laisser les hommes s'égarer dans leurs actions; mais aveuglement soumise à la foi, elle ne peut secouer entièrement le joug de la conscience et de la religion.

Les malheurs des temps étaient grands sans doute, mais non pas sans remède, puisque, dans leur déraison, les hommes cherchent Dieu partout, comme leur unique fin.

CHAPITRE XII.

Commencement de la puissance des maires du palais.

Les rois, occupés dans les camps, ne pouvant administrer par eux-mêmes les revenus de la couronne, sont obligés de se reposer sur la fidélité des officiers de leur maison, pour la régie de leurs domaines. Les premiers ou maires du palais, (1)

(1) *Major* dont on a fait maire. *Major domûs, major palatii.*

maîtres sous le roi des deniers de l'état, commencent dans ces temps de troubles, à sentir toute l'importance de leurs emplois. Pouvant se soustraire à toute surveillance, n'ayant de comptes à rendre qu'à leurs souverains, étant eux-mêmes l'œil du monarque, le centre commun où tous les autres viennent verser les produirs de leur gestion, il leur était facile de mettre les grands dans leur dépendance, pendant des minorités et des régences.

Régulateurs et dispensateurs des graces, ils prennent naturellement part à des mesures politiques dont la réussite est subordonnée aux moyens dont ils disposent. Insensiblement ils attirent à eux la plus grande partie de l'autorité. Le goût des plaisirs, se mêlant à l'ardeur guerrière des rois, leur rend ces ministres encore plus nécessaires. Brunéhaut et Frédégonde, possédées de la soif de régner, entraînées par leurs déréglemens, déposent l'autorité dans les mains de leurs favoris et augmentent l'influence de ces hommes qui les dirigent, et gouvernent eux-mêmes sous leur nom. Ainsi le pouvoir s'échappe des mains des monarques par mille canaux divers.

Les ducs, les comtes, les barons, toujours nécessaires dans les camps, habiles à profiter des désordres, suivant leurs intérêts, souffrent sans peine l'élévation et la puissance de leurs pairs qui ne peuvent que favoriser leurs usurpations. Ils souffrent une autorité à laquelle ils peuvent parvenir eux-mêmes, et l'orgueil du commandement les flatte dans la personne de leurs égaux. Ils favorisent une forme de gouvernement nouvelle, dont tous espèrent des avantages.

Il ne manquait à leur ambition que de saisir le droit en usage chez des nations voisines, le droit d'élire leurs rois. Le crime ne tarde pas à leur en offrir l'occasion.

Les fils et successeurs de Childebert, Théo- 612.
debert II, roi d'Austrasie, et son frère Thierry II, 613.
roi de Bourgogne, périssent tous deux victimes de leurs longues dissentions. Le premier, vaincu par le second, tombe sous les poignards des assassins, et l'autre, des suites et des fatigues de la guerre.

L'ambitieuse Brunéhaut se flatte encore de régner au nom de ses arrière petits-enfans. Déja Sigebert II, l'un des fils de Thierry est élevé sur le trône d'Austrasie. Ses frères Corbon, Mérouée et Childebert doivent recevoir leur partage. Mais les grands, lassés de la domination de cette reine altière, reconnaissent pour leur souverain le roi de Neustrie. La race de Brunéhaut est livrée au fer assassin de Clothaire II.

Childebert échappe seul au massacre, et cette mère de tant de rois, à qui elle a eu le malheur de survivre, jugée sur l'accusation du fils de Frédégonde, de l'usurpateur des royaumes de ses enfans, jugée par des sujets rebelles, dans l'assemblée du Champ-de-Mars, expie, à un âge avancé, dans les tourmens d'un affreux supplice, une vie de grandeur et de misère, une vie toute agitée par les fureurs de la jalousie et de l'ambition.

CHAPITRE XIII.

Clothaire II, roi de France. Réformes des mœurs du clergé. Progrès de la civilisation.

614. CLOTHAIRE II se trouve, comme son aïeul, seul maître du royaume de France. Mais que les temps sont changés! L'autorité royale était entière alors. L'influence des évêques, soumise au pouvoir souverain, n'était point une rivale dangereuse. Elle ne faisait que servir de contre-poids aux mœurs, pour mettre un frein aux passions des puissans, pour adoucir, éclairer les droits du commandement, et les devoirs de l'obéissance.

Aujourd'hui des hommes se sont élevés sur les marches du trône. Ils sont habitués au gouvernement. Ils sont soutenus par les grands qui ont besoin de trouver en eux des protecteurs, pour légitimer leurs usurpations. Ils peuvent vouloir maintenir leur indépendance, ou rendre, dans leur inconstance, la couronne au fils de leur dernier souverain.

Clothaire, qui ne possède l'Austrasie et la Bourgogne que par leur élection, Clothaire qui s'en est remis pour ses droits, au jugement des grands, Clothaire est forcé de céder lui-même une portion de l'autorité qu'il craint de se voir enlever. Il est forcé de laisser ces royaumes séparés, et de mettre à la tête de l'administration leurs maires du palais. Pour tranquilliser les leudes sur leurs possessions, les concesssions des rois, ses prédécesseurs, sont confirmées (1). Ainsi dans

---

(1) Condillac est le premier qui a vu la preuve de l'hérédité des bénéfices, dans cette phrase de l'édit de Clothaire II, en date du 15 novembre 614 : *quidquid parentes nostri, anteriores principes, vel nos, per justitiam, visi sumus concessisse, et confirmasse, IN OMNIBUS DEBEAT CONFIRMARI.*

Les auteurs de l'Art de vérifier les Dates, tom. I, p. 543, et d'autres écrivains, contestent la justesse de cette explication, et se fondent sur ce que les bénéfices ne sont pas particulièrement dénommés dans ce passage. Mais les faits parlent si haut en faveur de l'opinion de Condillac, qu'il ne peut rester aucun doute dans l'esprit, surtout lorsqu'on considère que l'édit de Clothaire ne peut être que la conces changemens mémorables, la nation, affaissée sous le poids des guerres, voit commencer pour elle une ère nouvelle. Les Francs libres et égaux, trop faibles encore au milieu des Gaulois et des Romains, pour ne pas rester unis à leurs chefs, et suivre leurs étendards, tombent sous le joug d'une aristocratie reconnue, qui traite avec les rois, de puissance à puissance. Si la porte des honneurs est encore accessible à tous, par la force des usages, elle est plus particulièrement ouverte aux familles de ceux qui ont désormais acquis le droit et le pouvoir de les commander ; et une carrière sans bornes s'ouvre à l'ambition de ces derniers.

---

firmation du traité d'Andelot, passé entre les rois Gontran et Childebert II, par lequel ils confirment les leudes ou fidèles, dans la jouissance des biens que leur ont concédés leurs prédécesseurs.

En effet, que pouvaient alors concéder les rois, si ce n'est des biens provenans de leurs domaines, ou des bénéfices affectés aux emplois, que les premiers titulaires, par la possession et l'usage, avaient déjà fait passer sur la tête de leurs enfans, leurs héritiers. Il n'était point question alors de concéder des droits honorifiques ou féodaux, des titres ou des priviléges. Les concessions ne portaient donc que sur des biens réels, des propriétés foncières.

Le traité d'Andelot est assez précis pour fixer les doutes à cet égard. Il y est dit : *Quidquid antefati reges, ecclesiis aut fidelibus suis contulerint, aut adhuc conferre,*

La politique de Clothaire l'avait fait céder aux circonstances. Mais sous les auspices de la paix, il peut encore contenir l'humeur inquiète des grands et cicatriser les plaies de la guerre. Il

---

cum justitia, deo propitiante, voluerint, STABILITER CONSERVETUR. Il est impossible de soutenir que les bénéfices ne soient pas compris sous le mot *quidquid*, quoiqu'ils ne soient pas nommés. Au reste la dernière clause concernant les cas de félonie et de fidélité interprète suffisamment ce qui précède. *Hoc etiam HUIC addi placuit, ut si qua pars præsentia statuta, sub quacumque calliditate, tempore quocumque transcenderit, omnia BENEFICIA tam repromissa, quàm in præsente collata amittat, et illi proficiat qui inviolabiliter omnia superscripta servaverit.*

Quoique cet article ne soit applicable qu'aux rois eux-mêmes, comme parties contractantes, pour l'exécution des clauses du traité, on ne peut se dissimuler d'après son ensemble, et le rapprochement de l'article précédent, qu'il consacre l'hérédité des bénéfices.

En effet, on ne peut nier qu'il ne soit formellement question de bénéfices. Que dans le traité, ils soient donnés aux rois ou à des particuliers, peu importe. Les bénéfices étaient une sorte de biens qui étaient possédés d'une manière particulière, et qui devaient revenir à la couronne dans un temps déterminé, ou à la volonté des rois. Donnés aux rois par des rois, ces bénéfices ne devaient pas moins être soumis au retour qui leur était propre et constituait leur espèce : l'article déroge donc d'une manière formelle à l'usage ; et si l'on fait ensuite le rapprochement de l'article concernant les fidèles ou leudes, on ne peut s'empê-

tient lui-même des *plaids* (1), sorte d'assises ou parlemens ambulans. Partout il fait sentir l'action de l'autorité royale. Pour ramener les maires du palais sous son obéissance, pour détruire, dans leurs esprits, toute idée d'indépendance, il en nomme de nouveaux, et il se hâte de placer lui-même son fils Dagobert sur le trône d'Austrasie.

Clothaire, élevant ses pensées jusqu'aux plus hauts intérêts de l'état, attribuant les désastres passés, au partage du royaume entre les enfans des rois, veut régler la succession à la couronne, et introduit pour ses enfans un mode nouveau.

---

cher de conclure que la dérogation était la même en leur faveur.

Aussi, nous n'hésitons pas à considérer ce point historique comme certain; et les exemples subséquens de la nomination des rois à divers emplois, considérés dès-lors comme héréditaires, dans un siècle fécond en violences de toute espèce, et où le prétexte de félonie légitimait tout acte arbitraire de l'autorité, ne peuvent détruire la conséquence que nous avons tirée.

Un auteur d'un grand poids, jurisconsulte distingué par son érudition et l'étendue de ses recherches, a pareillement regardé l'hérédité des bénéfices, comme fixée par le traité de 614.

V. répertoire de jurisprudence, au mot *enclave*, p. 590, quatrième édition.

(1) Placita.

Il confirme les priviléges du clergé, et il se réserve d'autoriser l'ordination des évêques. Sa justice n'épargne point les grands, qui, accoutumés aux désordres, cherchent à jeter de nouveau le trouble dans l'état, par des complots.

Sous son règne paisible, les ecclésiastiques dégagés des influences pernicieuses des dissentions civiles, réveillés de leur assoupissement, par le zèle d'un pape (1) suscité de Dieu, rentrent dans l'ordre. La religion retrouve ses enfans. Si la cupidité, sous un masque hypocrite, fait encore parler le langage trompeur de l'intérêt, l'Eglise renouvelée combat les abus avec courage. A sa voix, à la vue des saints exemples qu'elle professe, la férocité des mœurs fait enfin place à des mœurs plus douces. La coutume barbare du Chrene-Chruda (2) est abrogée. Les meurtres, devenus en horreur, sont moins fréquens, les crimes de l'ambition n'envient plus à leurs victimes, les asiles sacrés où elles trouvent consolation dans leurs malheurs. Ils permettent que leurs ennemis, enfermés dans des monastères, consacrent les restes de leurs jours à expier leurs fautes, et à acquérir les biens célestes.

Le règne de Clothaire II développe partout les

---

(1) Saint Grégoire-le-grand.

(2) V. la note pag. 115.

semences du bien que nous avons remarqué dans la disposition des esprits, soumis à la foi.

La profonde tranquillité dont jouit le royaume de France dans les dernières années de sa vie, et pendant la durée du règne de son successeur Dagobert Ier, est une autre cause de ses immenses progrès, vers une amélioration aussi sensible. La grande part qu'avaient aux affaires du monde les évêques les plus vertueux, les avait insensiblement amenés. Il semblait alors que la Providence elle-même bâtissait l'édifice de son royaume, par les mains de ses ministres. Il semblait que, dans sa miséricorde, elle pardonnait à la race de Clovis la multitude de ses crimes.

C'est l'époque des saint Arnoult, saint Eloi, saint Ouen, saint Amand et tant de d'autres qui illustraient l'Eglise par le plus noble emploi des richesses, par le plus sincère détachement des biens de la terre, par leur zèle à porter les lumières de la foi chez les barbares de la Germanie. Peu touché des grandeurs, on vit alors saint Arnoult, insensible aux sollicitations, aux prières de son souverain, abandonner la cour, pour se vouer dans le silence d'un monastère, aux mortifications du corps, aux travaux de la pénitence. De si grands exemples pénétraient l'ame des seigneurs les plus puissans, qui renonçant au siècle, dotaient les églises et fondaient de nombreuses abbayes.

CHAPITRE XIV.

Dagobert Ier, roi de France. Royaume d'Aquitaine ou de Toulouse.

Combien la France eût été heureuse alors, si les atteintes, portées à l'autorité royale par les longues dissentions passées, n'eussent recélé les germes des maux qui devaient anéantir la postérité de Clovis! Combien la France eût été heureuse, si Dagobert, marchant dans les voies du Seigneur, conservant les lois éternelles de l'ordre, et la sage politique de son père, n'eût abandonné les rênes de l'état, pour se plonger dans les plus honteuses voluptés. Car tout se lie d'une manière insensible, dans les événemens de ce monde. Le passé a des conséquences infaillibles dans l'avenir, si l'intelligence, destinée à produire l'ordre, perd un instant de vue ce noble but.

Semblable au cultivateur négligent, qui ayant laissé la mauvaise herbe dans son champ, la voit croître et étouffer le bon grain, son espérance, elle s'efforce en vain d'arrêter le torrent des maux et des désastres soulevés, pendant son funeste sommeil.

Dagobert, seul souverain en France, suit 628.

d'abord les dispositions de son père, et la tendance au système féodal que les guerres civiles avaient commencé à introduire. Il n'accorde à son frère Charibert le trône d'Aquitaine ou de Toulouse, qu'à la sollicitation des grands, et en le retenant sous sa souveraineté immédiate.

Tant qu'il écoute les préceptes de la religion et les conseils des évêques, son royaume est florissant; les lois sont en vigueur, recueillies et améliorées par ses soins. L'abondance, l'industrie même qui se développent, accumulent pour lui leurs trésors. Mais bientôt le cœur enflé d'orgueil, se glorifiant de ses succès, au lieu de les rapporter à son auteur, au Roi des rois, il repousse les sages avis des ministres de l'Eglise. Son ame corrompue, adonnée à toute sorte de débauches, se livre bientôt à des crimes. Devenu l'assassin de son neveu, le roi d'Aquitaine, il réduit ce royaume
632. en duché. Les lois divines et humaines ne sont plus rien pour lui. Avec la soif des richesses qui le dévore, pour satisfaire ses coupables penchans, les biens des pauvres ne sont point respectés; des églises sont spoliées. Dans son aveuglement, il ne craint point d'attenter lui-même à sa puissance, d'enseigner la révolte à ses sujets, en prêtant son appui aux Visigoths, pour briser le sceptre de leur roi. Enfin oubliant les leçons de l'expérience, il abandonne ses royaumes aux soins

des maires du palais ; et en terminant sa carrière, il partage la France entre ses deux enfans.

Les crimes et les fautes des rois tombent toujours sur les peuples. Dagobert I, dans les dernières années de sa vie, avait réveillé l'ambition des grands, corrompu leur fidélité, détruit la religion du serment, démoralisé la nation par ses exemples, et perdu le fruit des heureux travaux de Clothaire. A sa mort, le trône est chancelant comme à l'avènement de son père à la couronne. Mais la religion, après avoir combattu pour la civilisation contre la barbarie, avait fait fructifier dans les cœurs tous les germes des vertus chrétiennes, et mettant à profit une paix intérieure de vingt ans, elle avait assuré son triomphe.

Nous verrons les résultats de cette situation de la France, après avoir tracé les variations que le temps avait apportées dans les autres états de l'Europe.

CHAPITRE XV.

Des différens corps de nations, tributaires des rois d'Austrasie, en Germanie. De leurs mœurs, de leurs usages.

CEPENDANT arrêtons-nous un moment sur les mœurs de la Germanie, dont l'histoire se confond toujours avec celle de la France, qui compte la plupart de ses peuples pour tributaires.

Les rois d'Austrasie, qui possédaient l'ancien territoire de la nation des Francs, avaient soumis à leur domination les Bavarois, les Allemands, les Thuringiens, les Frisons et les Saxons même.

Les deux derniers de ces peuples, soumis seulement à un tribut, conservaient leurs usages, leur gouvernement particulier et leur religion.

Les autres, dans une dépendance plus directe, n'avaient point généralement embrassé la religion chrétienne ; mais leurs ducs, nommés ou confirmés par les rois francs, étant catholiques, avaient introduit chez eux l'usage de leur culte. Plusieurs emplois dans l'administration de ces provinces ayant été occupés par les Francs, quelques églises avaient été bâties. Ces peuples barbares, par la nécessité de leur soumission, commençaient à supporter la vue des moines, des ecclésiastiques établis au milieu d'eux. Cependant les ministres du culte chrétien étaient toujours exposés à leurs violences.

Dans ces provinces, chaque peuple était jugé selon les lois de sa nation : le clergé, par les gens d'église, et suivant les canons ; la milice, par les gens de guerre ; les nobles, par les personnes de leur profession ; les habitans des campagnes, par les centeniers ; ceux des villes, par les comtes. Les juges ne l'étaient que pour un temps, et ne pouvaient acquérir de biens dans le territoire de leur juridiction.

Quoique les lois fussent simples, et d'une facile application, les plaintes qui s'étaient élevées contre les juges, avaient engagé Clothaire II, roi de France, à ne nommer pour rendre la justice, que des personnes établies dans ces provinces, afin qne leur patrimoine pût servir à indemniser ceux qui en éprouveraient un tort.

Nous devons ici observer que dans l'usage de la province des Allemands, les sœurs étaient appelées avec leurs frères, à partager la succession de leur père; soit qu'ils retinssent cette coutume de la loi de nature, soit que, méprisant la conservation des propriétés et des familles, ils ne vissent pas comme les autres peuples, la nécessité d'exclure de la succession des biens fonciers, les filles, quelqu'incapables qu'elles fussent de les défendre contre les usurpations.

Les juges dont nous avons parlé, tenaient leurs assises dans un lieu public, tel qu'une rue, le devant de la porte d'une église, ou tout autre endroit d'un accès facile. Des hommes du lieu, leurs assesseurs, étaient choisis par tout le peuple, dépendant du ressort de la justice.

Ces provinces avaient aussi leurs assemblées particulières. Elles n'avaient lieu que lorsque les rois voulaient armer ces peuples contre les nations voisines. Obtenir leur consentement était chose nécessaire, si le souverain ne marchait pas à leur tête, et ne voulait que les lancer en enfans perdus, pour faire diversion contre ses ennemis. Leur esprit belliqueux, l'appât du pillage, les entraînaient toujours, suivant les désirs de leur roi, dans ces incursions sur les frontières voisines.

Ce n'était encore qu'avec le secours de ces assemblées convoquées alors par les ducs, et à l'insu du monarque, que ces hommes ambitieux pouvaient les porter à la révolte contre leur souverain. Ainsi se perpétuait cet usage, sans que ces peuples fussent dans le cas de concourir aux assemblées générales du royaume d'Austrasie.

Nous avons vu que les Thuringiens formaient depuis long-temps un corps de peuple séparé; nous trouvons que dans le laps de temps qui s'est écoulé, la Bavière reconnait des ducs héréditaires, qui forment des alliances étrangères à l'Austrasie, et qui, profitant des discordes des rois Francs, semblent se regarder comme indépendans.

C'est en effet un duc de Bavière qui soutient les Lombards contre la ligue de l'empereur d'Orient et du roi d'Austrasie, à cause de Théodelinde, sa fille, assise sur le trône d'Autharis, son époux.

Dans l'intervalle du temps que nous avons parcouru, les Frisons, les Saxons, peuples de la Germanie, avaient éprouvé la puissance des rois d'Austrasie. Depuis le règne de Clothaire I, et pendant plus de quatre-vingts ans, un tribut annuel leur avait été imposé, en reconnaissance de leur soumission à la couronne de France. L'histoire consigne en quoi consistait celui des Saxons. Il importe de le rapporter, puisqu'il peut servir à nous faire connaître l'état de pauvreté et de barbarie de cette nation, qui venait de donner des maîtres à la Bretagne. C'était un tribut annuel de cinq cents bœufs ou vaches. Leurs ducs, pour s'en affranchir, saisissaient toutes les occasions favorables à une révolte, occasions toujours fréquentes, à cause des dissentions des rois.

Pour accoutumer les Frisons et les Saxons au joug de la France, les rois leur avaient accordé des franchises, des immunités pour commercer dans l'intérieur du royaume. On les voit en effet sous Clothaire II et Dagobert, fréquenter les marchés et foires de Saint-Denis en France.

Enfin Dagobert remit aux Saxons le tribut qui lui était dû, à condition de porter la guerre dans le pays des Sclaves, dont quelques peuplades, précédemment soumises aux rois d'Austrasie, commençaient à faire des incursions sur les frontières de la France germanique.

En effet, un marchand, Franc de nation,

nommé Samon, voyageant pour les affaires de son commerce, avait acquis la confiance de plusieurs tribus barbares répandues dans la Germanie. Elu roi, il avait réuni en un corps de peuple la portion des Sclaves dispersés depuis le Danube jusqu'à l'Elbe, et venait de fonder un nouveau royaume, connu dans la suite des temps, sous le nom de royaume de Bohême.

La Germanie était donc encore dans l'enfance, et restait plongée dans les ténèbres du paganisme. Les usages de ses peuples, conservés en partie, à cette époque par les Français, avaient, pour la plupart, le caractère de la puérilité. Ainsi la marque de réconciliation entre deux ennemis, était d'arracher un fil de son manteau, et de le jeter par terre, en protestant de son amitié. Tel était encore le signe de l'affranchissement d'un esclave, qui consistait à jeter un denier en l'air, en présence du roi.

Les arbres, les chutes d'eaux, les pierres attiraient leurs hommages. Des animaux étaient immolés en l'honneur de ces divinités. L'amour de la destruction, passion dominante des enfans, était aussi la leur.

L'autorité des maris sur leurs femmes, leur garantissait la foi conjugale, et donnait à ces divers peuples l'apparence du goût pour la chasteté, et de l'horreur de la débauche.

Néanmoins, les pillages, les parjures, les meurtres, les rapts, les incestes, régnaient en liberté chez ces peuples grossiers, dont l'esprit ne pouvait s'élever au-dessus de leurs penchans, et ne connaissait d'autre empire que celui de la force et de leurs passions.

SECONDE PARTIE.

L'ITALIE.

CHAPITRE PREMIER.

Brigues dans les élections des évêques. Fin du règne de Théodoric, roi des Ostrogoths et d'Italie.

EN Italie, nous avons vu l'Eglise divisée par le schisme et l'hérésie sur le trône, employant la séduction des vertus pour étendre son empire, exposée aux brigues dans l'élection des évêques. Il importait aux ariens, pour leur triomphe, d'affaiblir aux yeux des peuples le respect porté au père spirituel de la chrétienté, de jeter les germes de la corruption au milieu de cette phalange de prélats vénérés, remparts de la foi, conservateurs de la tradition des apôtres. Nous avons vu que les passions humaines, soulevées par les intrigues, avaient réussi à créer, parmi les catholiques, aux élections d'un pape, un schisme éteint dans sa naissance, par la modération, la sagesse de Théodoric. Nous avons vu enfin, par les circonstances même du danger de l'Eglise, le commencement de sa puissance fondée par l'amour et l'attachement des peuples.

Mais la prospérité, cet écueil des vertus humaines, nourrissant l'orgueil et l'ambition, finit par introduire un relâchement dans les pratiques religieuses et souffler aux ministres de l'Eglise un esprit de domination sur les puissances même de la terre. L'humilité qui, jusqu'alors, les avait engagés à se soustraire aux dignités où la voix du peuple les appelaient, n'était plus connue que d'un petit nombre. Autrefois ils acceptaient à regret le soin de conduire un troupeau dans la voie de Dieu, et ce n'était que par le devoir de l'obéissance. Aujourd'hui les brigues écartent les humbles, les plus dignes; et elles ouvrent la carrière aux plus intrigans, aux plus ambitieux.

Tel fut l'effet du calme, de la tranquillité dont jouit l'Eglise, presque jusqu'à la fin du règne glorieux de Théodoric.

Ce roi, attentif à tout ce qui pouvait élever la gloire de son nom, et faire le bonheur de ses peuples, avait conservé en Italie, toutes les institutions de l'empire, et gouvernait sa nation d'après ses lois particulières. Le mélange des deux peuples avait nécessité la création d'un tribunal mixte, composé de magistrats goths et romains, pour terminer les différens survenus entre les individus de chaque pays. Un édit avait été rendu, pour accorder ensemble les lois des deux nations, et lever toutes les difficultés. L'abondance, la sécurité générale, le commerce même, la justice, la culture des lettres, les travaux des arts, avaient rendu à l'Italie tout l'éclat dont elle jouissait dans les plus beaux temps de l'empire.

Mais il entrait dans les desseins de la Providence d'apprendre aux peuples qu'un règne si glorieux peut toujours être indignement terni, lorsque l'instrument de sa puissance, rébelle à sa parole, s'est rendu volontairement l'esclave de l'erreur.

Zélé pour l'arianisme, Théodoric s'alarme sur le sort des sectaires, répandus sur la surface
524. de l'empire, et menacés par l'empereur Justin, de perdre leurs Eglises. Afin de l'arrêter dans ce projet, ou d'avoir occasion de faire éclater sa vengeance sur tout ce que la chrétienté honore le plus, il envoie le souverain pontife, l'évêque de Rome (1), à Constantinople, pour être l'interprète des menaces de représailles, qu'il réserve aux catholiques dans ses états, si Justin

(1) Jean Ier.

met son édit à exécution. Le bon pasteur qui doit donner sa vie pour ses brebis, obéit, et travaille en vain à tranquilliser un esprit égaré. L'illustre Cassiodore, le défenseur des catholiques, n'est plus écouté. Envain l'Eglise a toujours été servilement soumise aux lois de Théodoric.

Ce monarque, à qui Dieu, par l'édit de Justin, vient de révéler sa faiblesse, croit voir les forces de l'empire fondre sur son royaume, et les catholiques les appeler de leurs vœux. Au lieu d'écouter cette voie intérieure qui lui montre où est son salut, sa colère s'allume; les hommes les plus distingués sont livrés aux bourreaux; et le pape, plongé dans un cachot infect, privé des secours les plus nécessaires à la vie, succombe dans sa prison, martyr des craintes imaginaires d'un souverain ombrageux. Sa mort semble l'arrêt de mort de son injuste persécuteur, qui le suit aussitôt dans le tombeau. 526.

CHAPITRE II.

Accroissement de la puissance du clergé. Athalaric, roi d'Italie et des Ostrogoths. Elections des papes.

THÉODORIC laissait un royaume florissant; et l'impulsion, donnée par son génie, devait encore soutenir quelque temps l'Italie dans un état prospère. Amalasonte, régente au nom de son fils Athalaric, reconnait la souveraineté de l'empire. Justinien venait de s'asseoir sur le trône des Césars.

Si une tranquillité apparente promet encore à l'Italie quelques jours de bonheur, les passions mises en jeu, dans un gouvernement divisé et qui n'a point de règle fixe, lui préparent de nouveaux déchiremens.

L'ambition du clergé des diverses croyances jette chaque jour des racines plus profondes. Déjà la juridiction ecclésiastique où les citoyens portaient volontairement leurs causes, devient, par une loi d'Athalaric, un tribunal obligé même pour les affaires civiles, toutes les fois qu'un clerc peut y être intéressé.

L'élection d'un évêque devient le signal d'un nouveau scandale. Des marchés honteux sont conclus pour obtenir les dignités de l'Eglise. Des sermens sont inventés pour lier ceux dont l'ame, craintive et sujette aux remords, pourrait les conduire à la révélation des brigues. Le siége de Rome est surtout l'objet de toutes les intrigues. Les maîtres de l'empire, les souverains d'Italie veulent un pape de leur choix. Un schisme nouveau menace l'Eglise, à chaque vacance, par l'élection simultanée de deux compétiteurs. Espérant prévenir les désordres, un souverain pontife (1), oubliant la tradition des apôtres, entreprend de nommer, de son vivant, son successeur. Des corps armés président aux élections. Les meurtres, les assassinats deviennent des moyens de faire triompher un élu. Les monarques, de leur autorité privée, déposent le vicaire de J. C., forcent le clergé à des élections commandées; et des prêtres, dévorés d'ambition, osent remplir un siége qui n'est pas vacant.

Au milieu de si grands désordres, Dieu permet que des hommes, portés à la chaire pontificale par d'aussi indignes moyens, n'offrent, quand ils sont parvenus au terme de leurs désirs, que le spectacle des plus touchantes vertus. Pénétrés des vérités de la foi, animés d'un esprit nouveau, ils bravent les dangers et les menaces. Prêts à supporter l'exil, la prison, le martyre, ils soutiennent la doctrine et la discipline de l'Eglise; et ils font respecter l'autorité déposée dans leurs mains, l'autorité déléguée par J. C. aux successeurs de saint Pierre.

---

(1) Boniface II.

CHAPITRE III.

Faiblesse du royaume des Ostrogoths. Sa destruction.

TANT de crimes, tant de sacriléges appelaient
les fléaux de la vengeance céleste. Le royaume de
Théodoric, en proie à toutes les passions, a perdu
sa force et sa vigueur. L'ambition des grands s'irrite
d'obéir à une femme. Justinien, conquérant du
royaume des Vandales en Afrique, veut ressaisir
le sceptre de l'Italie. Amalasonte détourne, pendant la vie d'Athalaric, l'orage prêt à fondre sur
534. ses peuples Mais après lui, elle est victime elle-
même de la trahison de Théodat, qu'elle a placé
sur le trône; et sa mort devient le prétexte d'une
guerre longue et désastreuse.

A peine dix ans se sont écoulés, depuis la mort
de Théodoric, et la puissance des Goths si formidable alors, est sur le penchant de sa ruine.
536. Théodat, meurtrier d'Amalasonte, incapable de
supporter la couronne, la laisse, en expirant, au
pouvoir de son assassin. Vitigès, élu par les
Goths, lutte envain contre la fortune de Bélisaire. Sa défense ne se prolonge que pour la punition des crimes.

Rome, cette Rome coupable, qui fomente l'ambition des ministres du Seigneur, soumise à la fois à deux maîtres, tremble à la vue des dan-

gers qui la menaçent. Tantôt ouvrant ses portes aux Ostrogoths, tantôt implorant les secours de Bélisaire, elle voit ses terres ravagées, ses citoyens menés en esclavage. L'espoir de la paix renait un instant pour elle, quand Vitigès se rend
entre les mains de son vainqueur. Mais Bélisaire 542.
que les Goths veulent pour roi, est rappelé par l'empereur.

Les Ostrogoths tentent alors de relever leur monarchie expirante. Ildobald, Erarick ceignent un instant la couronne qu'ils perdent bientôt avec la vie. Sous Totila, plus heureux, plus grand, plus magnanime, cette nation guerrière jette encore l'éclat d'une flamme qui s'éteint.

Le doigt de Dieu est visiblement étendu sur le foyer des intrigues qui affligent son Eglise Deux fois Rome tombe dans les mains de Totila. Ses murailles sont abattues, les maisons pillées et saccagées. Son peuple est dispersé; elle ne présente plus qu'une vaste solitude. Ainsi cette ville superbe, battue des foudres et jouet des tempêtes, expie dans les souffrances, l'orgueil de sa grandeur passée et les crimes de sa corruption.

Enfin la verge dont Dieu s'est servi pour châtier une terre coupable, se brise au milieu des combats; et bientôt Theyas, successeur de Totila, vaincu par Narsès, ensevelit avec lui la mo- 553.
narchie de Goths.

CHAPITRE IV.

Justinien. Réglemens en faveur du clergé. Etat de l'Italie sous le gouvernement de Narsès, patrice.

DANS tous ces troubles qui agitent l'Eglise elle-même, le clergé devenu nécessaire à l'empire, pour faciliter ses conquêtes, acquiert de nouveaux priviléges, et voit augmenter sa puissance.

Justinien, à jamais illustré par le recueil des constitutions de l'empire qui porte son nom, avait déjà réuni autour de lui les hommes, les jurisconsultes les plus instruits de toutes les nations, pour léguer à la postérité le code de la raison écrite, lorsque, vainqueur des ariens en Afrique et en Italie, il veut rétablir la paix dans l'Eglise que les schismes déchirent. Pénétré des vérités chrétiennes, livré à l'étude des matières en controverse, il ne craint pas d'étendre l'autorité des papes dont ses prédécesseurs s'étaient toujours montré si jaloux. Leur suprématie si long-temps disputée en Orient est reconnue. Leur juridiction n'éprouve plus d'obstacle. Le droit d'annates (1) est introduit en faveur du siége apos-

---

(1) Taxe consistant dans le revenu d'une année des bénéfices dont les clercs étaient pourvus. Elle se payait à la chambre apostolique, pour en obtenir des bulles.

tolique. Toutes donations sont confirmées; et sous le gouvernement de Narsès, par ordre de Justinien, les églises ariennes et leurs revenus sont rendus aux catholiques. Enfin l'autorité des papes s'allie à celle des souverains pour la condamnation des abus. En conséquence, le mariage des prêtres est défendu, et les mariages, contractés pendant les désordres avec des vierges consacrées à Dieu, sont déclarés nuls. Les fondateurs des églises ne peuvent exercer leur patronage qu'avec le consentement des évêques. L'hérésie devient cause suffisante d'exhérédation. Les papes (1) s'attribuent des érections et des translations de siéges épiscopaux, jusqu'alors réservées aux empereurs.

L'Eglise sollicite aussi des priviléges en faveur des monastères. L'entrée en religion résout le mariage sans divorce. La condition du mariage, imposée pour la validité d'une donation, à cause d'enfans, est censée accomplie par l'entrée en religion du donataire.

Cependant sous des princes toujours jaloux de l'empire acquis par les évêques sur l'esprit des peuples, le clergé ne peut recouvrer la liberté de ses élections. La chaire pontificale reste souvent,

---

(1) Pélage II.

pendant des mois entiers, vacante pour attendre les ordres de l'empereur. Quoiqu'il en soit, l'Eglise, seule stable, seule florissante au milieu des événemens humains, s'avance toujours, par le respect et l'amour, à la domination des peuples.

Quant à l'état de l'Italie, l'éclat des conquêtes de Justinien n'y a apporté que peu de changemens. Malgré l'apparente réunion des sectes au centre de l'Eglise, les divisions depuis si long-temps enracinées subsistent toujours sur les matières spirituelles; et cette province, rentrée sous la domination de l'empire, n'offre que le tableau d'un corps touchant à sa dissolution. Menacée par ses voisins; renfermant dans son sein, un peuple conquis, son dernier maître, qu'elle ne peut encore s'assimiler; courbée sous le joug des impôts qu'ont nécessités les frais d'une longue guerre; trop éloignée des secours de l'empire pour en espérer de proportionnés à ses besoins, l'Italie se consume à éteindre les révoltes de quelques chefs Ostrogoths qui essaient de se rendre indépendans, dans leurs villes ou leurs châteaux.

La fortune de Justinien, la sagesse du gouvernement de Narsès pouvaient seuls soutenir ce corps malade, ébranlé par tant de secousses, et par sa propre inquiétude. Le sénat de Rome, depuis si long-temps accoutumé à n'être plus sous les yeux de ses maîtres, supporte impatiemment le joug d'un patrice (1). Le peuple, ingrat envers Narsès, murmure, et ne craint pas de l'accuser auprès de son souverain. Mais le ciel qui l'absout, irrité de l'injustice des hommes, de leur persévérance dans les vices et dans la corruption, se charge du soin de sa vengeance.

CHAPITRE V.

Invasion des Lombards en Italie. Alboïn, roi d'Italie. Etat des personnes chez les Lombards.

LA mort de Narsès est pour l'Italie le si- 567.
gnal d'un nouveau fléau. Une irruption des nations barbares, vient l'inonder sans rencontrer d'obstacles. Conduites par Alboïn, roi des Lom- 568.
bards, qui avait aidé le général romain à détruire la puissance des Goths, elles y transportent leurs femmes, les enfans, les vieillards, et fondent une monarchie nouvelle. Cependant craignant d'attirer sur elles toutes les forces de l'empire, elles n'osent attaquer le duché de Naples, celui de Rome, et l'exarchat de Ravenne, qu'elles laissent sous la domination des Grecs, et sous le gouvernement de Longin, premier exarque, successeur de Narsès.

(1) Les Patrices exerçaient une autorité souveraine. Ils étaient amovibles et tributaires.

A la nation des Lombards, se joignent des tribus de Saxons, de Gepides, de Bulgares, de Pannoniens, de Noriques, de Sarmates, qui, sous les ordres du roi, obéissent à des ducs particuliers de leur nation. Dans le partage des terres, chaque peuplade distincte occupe un cantonnemént qui lui est affecté. Mais dans cette émigration, qui a tant de ressemblance avec celle des siècles précédens, on reconnait cependant des différences notables, survenues dans l'état des personnes par la série des temps. Ce ne sont plus des peuples nouveaux et pasteurs, vivans de la chasse et du produit de leurs bestiaux, ce ne sont plus des hommes étrangers à la culture des terres et aux obligations qu'impose la propriété. Façonnés au joug de la royauté, ils reconnaissent la hiérarchie des rangs et des conditions. Déjà le roi est en possession de la couronne, à titre héréditaire. Leurs ducs forment une classe à part, un ordre de noblesse qui compte les services de ses pères, classe aussi élevée au-dessus du reste de la nation, que le roi l'est au-dessus d'eux. Les autres chefs sont les premiers du peuple; aptes à parvenir à toutes les dignités, ils semblent composer un ordre de noblesse inférieur. Si le grand nombre de ceux qui suivent leurs drapeaux, est composé d'hommes libres, ils traînent aussi à leur suite des esclaves qui sont leurs richesses. Les guerriers peuvent sans doute, par l'éclat de leurs services, et la faveur du roi, prétendre à tous les honneurs; mais il faut y être parvenu, pour prendre rang dans les assemblées générales de la nation. Les grands et tous les chefs y sont seuls admis, plutôt comme conseillers du roi, que pour y discuter sa volonté.

L'autorité du monarque est absolue; lui seul dispose de tous les emplois, les donne ou les retire à son gré. Lui seul assigne les cantonnemens aux tribus, fixe le siége du gouvernement des ducs, reçoit à composition les Goths établis en Italie, les incorpore dans sa nation, institue même des duchés en leur faveur, pour faciliter sa conquête. C'est lui seul qui fait grace aux villes soumises, qui laisse aux habitans leurs propriétés ou les réduit en esclavage. Déjà chrétien et catholique, Alboïn adoucit les maux inséparables de la conquête.

L'étendue de son autorité lui permet d'empêcher le pillage des églises, de mettre un frein à la cupidité, et à la férocité des idolâtres qui l'accompagnent.

Le mélange de tant de nations, unies par l'intérêt de la conquête, et trop faibles, chacune séparément, pour ne pas se soumettre à une obéissance passive, sert de véhicule à la prérogative royale, qui ne reconnait point de bornes.

Mais ce même mélange de chefs ambitieux, qui, uniquement guidés par l'appât du butin, et par un esprit de pillage, ont reconnu une autorité nécessaire, l'autorité d'un étranger auquel ils ne portent qu'une affection de circonstance; ce même mélange, disons-nous, joint à la férocité des mœurs, menace le monarque et la monarchie nouvelle d'une catastrophe toujours imminente. Rien ne peut les défendre contre l'égoïsme et l'ambition de ces hommes qui ne connaissent que les liens d'un intérêt personnel. Le trône reste isolé, sans autre soutien que la force physique de ceux qui peuvent l'employer contre son existence; point d'institutions fixes. La religion est une autre source de discorde. Les uns sont catholiques, d'autres ariens, d'autres payens. Ils ne peuvent s'entendre que sur un point, sur celui des combats : et les combats décident de tout.

CHAPITRE VI.

Changemens dans le gouvernement des Lombards. Etat déplorable de l'Italie.

Un gouvernement aussi imparfait ne pouvait subsister sans secousses intérieures, et était exposé à prendre toutes les formes que les chances des événemens, ou le caprice des hommes pouvaient introduire. Aussi à peine Alboïn, trahi par la reine, expire-t-il sans postérité, sous les coups des assassins, que la cou- 573.
ronne, auparavant héréditaire dans la famille royale (1), devient élective entre les mains des chefs.

La nouveauté de la conquête, le besoin de donner une direction d'ensemble à la force commune, leur font d'abord élire pour roi Cleph, l'un des plus puissans d'entr'eux. Ce prince payen, usant comme son prédécesseur d'une autorité sans bornes, se rend par ses cruautés l'horreur de la nation conquise, et la honte

(1) Nous avons déjà remarqué que, chez toutes ces nations, l'introduction de la propriété ayant fait naître le droit de succession, la naissance appelait les enfans d'un roi à la couronne. L'élection ou le consentement des grands ne s'exerçait que pour la confirmation de la volonté du souverain, qui désignait son successeur.

de ceux qui l'ont placé sur le trône. Après un règne de dix-huit mois, marqué par la dévastation des villes et des campagnes, par l'enlèvement des biens d'Eglise, et des propriétés particulières, par la persécution des chrétiens qui refusent de sacrifier aux idoles, la main d'un meurtrier arrête le cours de ses crimes. Le
575. gouvernement change de forme.

L'Italie offrait alors le tableau d'un état démembré. L'exarque, ou gouverneur usait de la puissance souveraine, au nom de l'empereur d'Orient, sur les trois divisions restées sous la domination de l'empire, le duché de Naples, le duché de Rome, l'exarchat de Ravenne. Il nommait à tous les emplois, dirigeait la force armée et l'administration. Amovible, il ne lui était imposé d'autre obligation, que d'envoyer à son souverain le tribut stipulé. Mais ces trois provinces, quoique soumises au même gouvernement, se prêtaient difficilement un mutuel appui. Les ducs, dans leur gouvernement particulier, tendaient à se rendre indépendans sous la protection de l'empire. Rome surtout, fière du souvenir d'avoir donné des lois aux autres nations, humiliée sous le joug des exarques, se voyant le centre de la chrétienté, semblait appeler de ses vœux les papes, à saisir les rênes de l'autorité.

Par leur situation politique, ces trois états ne

pouvaient inspirer aucune crainte à des voisins belliqueux. L'abandon, où l'empereur les avait laissés depuis la dernière irruption des barbares, donnait aux Lombards toute sécurité pour la solidité de leurs conquêtes. Alors les ducs se voyant individuellement en état de mesurer leurs forces avec les Romains, décident dans leur assemblée générale, de ne plus élire de roi. Introduisant à la place de la royauté, un gouvernement aristocratique, les gouverneurs des provinces et des grandes villes, au nombre de trente-six, retiennent conjointement l'autorité, sous le nom de duçs. Confédérés entr'eux, chacun jouit dans l'étendue de ses possessions, de la plénitude de la puissance royale.

Sous ces tyrans, tantôt divisés, tantôt unis, l'Italie, livrée au pillage, est plongée dans un état de guerre permanent. Les fléaux qui l'accompagnent sont, comme en France, la destruction de la civilisation, les usurpations, l'oubli des devoirs, le mépris des lettres, l'ignorance et les superstitions. Dans ces temps d'anarchie, la raison du plus fort est la loi suprême.

L'hérésie, le paganisme ajoutent encore aux horreurs de la guerre. Les monastères les plus vénérés sont détruits et réduits en cendres. Les moines, les clercs fugitifs, échappés aux massacres, sont forcés de chercher un asile auprès du souverain pontife. Les villes sont dépeuplées, les campagnes désertes, les familles les plus distinguées tombent dans l'esclavage.

Enfin les cris de la désolation se font entendre aux oreilles de l'empereur Maurice et des rois de France. Le pape implore les secours des princes catholiques, pour mettre un terme aux souffrances de l'Italie. Une expédition concertée se prépare contre les Lombards.

CHAPITRE VII.

Retour des Lombards à la royauté. Faiblesse du pouvoir royal. Couronne élective. Duchés héréditaires. Effet moral sur l'esprit des peuples.

Les ducs, alarmés de l'orage qui se forme, sentent le besoin d'un lien, pour réunir tant de volontés divergentes dans une défense commune. Le rétablissement de la royauté leur paraît nécessaire; mais des hommes qui ont joui dans leurs états de la puissance souveraine, ne peuvent renoncer à l'espoir de commander un jour. La couronne est reconnue élective. Cependant, par l'effet du respect qu'inspire presque toujours
584. la naissance, Autharic, fils de Cleph, réunit les suffrages et est élu roi.

Cependant les ducs qui, dans l'interrègne,

se sont emparés de tous les revenus de l'état, et qui usent encore de toutes les prérogatives de la royauté, ne peuvent consentir à s'en déssaisir. Un traité est conclu dans une assemblée générale de la nation, entr'eux et le nouveau monarque.

Ils demeurent propriétaires inamovibles de leurs duchés. Les domaines, les titres, l'autorité, sont reconnus héréditaires dans leurs familles. Ils sont maîtres absolus chez eux, ils sont souverains en payant un subside, et en rendant le service militaire. Ils ne peuvent être dépossédés et destitués que pour cause de félonie. Les duchés, néanmoins, doivent retourner à la couronne, à défaut d'enfans mâles. Si le roi y nomme des gouverneurs, ce ne peut étre que pendant la minorité de leurs enfans.

Le subside de chaque duc est fixé à la moitié des revenus de son gouvernement, et il doit être versé au trésor royal tous les trois ans. Enfin l'armée, aux ordres du roi, composée de leurs forces respectives, et conduite par les ducs, est entretenue à leurs propres frais, pendant le temps déterminé de trois mois.

Ce nouveau système de gouvernement, cette confédération de petits souverains, sous l'autorité d'un roi, n'est point encore la féodalité, mais semble faire présager sa naissance. Il dérivait évidemment de l'antique usage des Romains, d'admettre les peuples vaincus au rang des alliés de l'empire, de leur laisser leur roi, ou de leur en donner un autre, sous la charge d'un impôt annuel. Ce système, déjà adopté par les rois Francs qui recevaient un tribut des nations germaniques, comme marque de leur soumission, était général en Europe, toutes les fois que l'éloignement du monarque et la variété des usages offraient la difficulté d'une domination directe. Ce système qui, dans la décadence et l'affaiblissement de l'empire, avait hâté sa ruine, s'était maintenu long-temps par la masse imposante des forces de toutes les provinces conquises, unies en un seul corps d'état, recevant une même impulsion, prêtes à réduire des peuples déjà effrayés de leurs défaites, s'ils eussent cherché à se soustraire au joug de l'empire.

C'est ainsi que ce système existait alors en France avec succès vis-à-vis de la Bavière et autres provinces, par le déploiement de la puissance des rois, sans cesse menaçant les pays tributaires.

L'avantage de ce système avait été d'accoutumer les nations barbares à une domination tempérée par la suzeraineté, d'introduire d'une manière insensible chez les peuples vaincus, les usages des vainqueurs, soit par l'éducation des ôtages, soit par le recours au souverain contre les abus de l'autorité , de sorte qu'ils finissaient par ambitionner d'être incorporés dans la nation dont ils dépendaient.

Mais lorsque l'aristocratie de la propriété, retenant l'exercice de l'autorité dans ses domaines, consentit à se soumettre à une royauté sans puissance territoriale prépondérante, il était facile de prévoir que cette suzeraineté sur des princes confédérés pour leur défense comm ne, ne pouvaient opposer une digue suffisante à leur ambition, à leur cupidité, ni les forcer à exécuter positivement des ordres. Il est clair que chacun des ducs, ayant des troupes et toutes les prérogatives de la souveraineté, pouvait traiter d'égal à égal avec son roi, et travailler à son agrandissement personnel. Ce nouveau système de gouvernement étant le fruit d'un calcul d'ambition individuelle, ne devait donc avoir aucun résultat avantageux pour l'état, et même devait produire les effets les plus désastreux.

Aussi voyons-nous alors l'Italie en proie à toutes les horreurs de la guerre intestine et étrangère.

Les Lombards sont tantôt unis contre la France et l'empire, et tantôt divisés, suivant la chance des combats. Les uns vendent leur neutralité contre le roi dont ils ont juré de suivre les étendarts ; d'autres s'arment contre lui. Les uns s'approprient les dépouilles du camp ennemi ; d'autres unissent à leurs domaines les villes conquises. Les ducs de Bénévent , de Frioul, de Spolette s'élèvent au-dessus de leurs égaux, par le succès de leurs armes ; tandis que d'autres disparaissent, tandis qu'Autharic , incapable de tenir la campagne , obligé de se renfermer dans les places fortes , soutient avec les plus pénibles efforts, une monarchie chancelante, une monarchie qui n'a pas les conditions de sa conservation , et qui s'écroulerait infailliblement, si l'empire n'était occupé d'autres guerres, si les rois de France cessaient un instant de se déchirer entr'eux.

Nous ne retracerons pas les tristes effets de ces troubles sur les mœurs du peuple et du clergé. Les mêmes semences devaient produire les mêmes fruits, et les ténèbres que nous avons vues se répandre sur la surface de la France, obscurcissent aussi l'Italie.

Dieu seul, dont les voies sont incompréhensibles, ne perd rien dans le cœur des hommes, du choc de tant de passions. Une foi plus vive s'allie à l'ignorance ; la cause de Dieu est même invoquée par les méchans , tandis que le zèle de ses vrais serviteurs prépare de nouveaux triomphes à l'Eglise.

CHAPITRE VIII.

Pontificat de saint Grégoire-le-grand. Accroissement de la puissance des papes. Recours des évêques à la cour de Rome. Priviléges des monastères contre la juridiction des évêques.

DIEU permet que, par les désordres même, le clergé recouvre la liberté de ses élections. Touché des souffrances de son Eglise, il appelle pour la gouverner un de ses plus illustres serviteurs. Saint Grégoire-le-grand est élu pape ; et le doigt 590.
de la Providence marque son élévation du sceau qui avait caractérisé le choix des premiers successeurs des apôtres. Elle n'est pas le fruit des brigues et des intrigues. C'est contre son gré, et après les plus sincères efforts pour fuir les charges du pontificat, qu'il est forcé de céder au vœu libre du peuple et du clergé, confirmé par son souverain.

La sollicitude de ce serviteur de Dieu sonde toutes les plaies de l'Eglise. Malgré les difficultés qui naissent de l'état de guerre, il sait inspirer sa fermeté, son zèle, à des délégués respectables par leur sainteté. Les provinces de la chrétienté sont visitées, un grand nombre d'hérétiques éclairés et de payens convertis. Dans l'Orient, des schismatiques abjurent leurs erreurs, et rentrent

dans le sein de l'Eglise Dans l'Occident, des confesseurs de la foi font triompher les lumières de l'Evangile; Ethelbert, roi de Kent, reçoit le baptême. La réconciliation de l'Espagne au culte catholique est consolidée. Les soins paternels de saint Grégoire s'étendent jusque sur les juifs per-
590. sécutés. Agilulf, élevé sur le trône des Lombards par le choix de Théodelinde, veuve d'Autharic, qui l'épouse avec le consentement des ducs, Agilulf cède aux exhortations, aux instructions d'un pontife si vénéré, et par son exemple, il ramène une partie de son peuple à la religion catholique.

Attribuant à l'ambition des évêques les calamités publiques, saint Grégoire censure la vie scandaleuse de ceux qui ne s'occupent que des affaires du monde, de ceux dont le crédit excite les troubles au lieu de les éteindre. Il leur commande le respect, la soumission aux puissances de la terre; il leur défend les testamens suggérés, les donations extorquées, les exactions, la simonie. « Vous êtes chargés, leur dit-il, non du » soin des choses terrestres, mais de la conduite » des ames. Donnez donc gratuitement ce que » vous avez reçu gratuitement. »

Les mariages des prêtres sont prohibés, les superstitions signalées, la liberté de élections et leur pureté rétablies, malgré les efforts contraires des rois Lombards. Son zèle qui ne trouve rien d'indigne de lui, s'il peut être utile à l'Eglise, entraîne les cœurs par son désintéressement, ses libéralités, son humilité, sa justice. Partout il fait sentir la douce influence d'une charité prodigue de bienfaits. Les revenus de l'Eglise sont employés au rachat des captifs. Les évêques chassés de leurs siéges par les infidèles, les moines fugitifs sont reçus dans des asyles et secourus. De jeunes payens sont élevés dans les monastères, et instruits dans la foi des apôtres, pour porter un jour à leur nation les paroles d'amour et de paix du législateur divin.

Soumis aux puissances, saint Grégoire sait allier les devoirs du père spirituel des princes de la terre, à l'obéissance qui leur est due. Les remontrances les plus charitables apprennent aux rois les limites de leur autorité, les doctrines qui doivent leur servir de règle, les principes de l'ordre éternel de la Providence, pour la conduite des hommes, dans leurs rapports entr'eux et avec le créateur. Mais toujours contenu dans les bornes du respect et de la soumission, il exécute fidèlement les ordres mêmes qui peuvent lui paraître surpris à la religion de son souverain.

Aussi saint Grégoire obtient-il la confiance la plus absolue de l'empereur (1). Le noble usage

(1) Maurice.

qu'il fait de l'autorité de l'Eglise, sa capacité mise en évidence, dans des circonstances aussi difficiles, font qu'il se repose sur lui, sur la force morale de son caractère, pour les intérêts de Rome, de l'Italie, et de l'empire. C'est lui qui nomme aux places vacantes de duc ; c'est lui qui pourvoit partout aux soins de la défense. Il voit les villes détruites, les forteresses ruinées, les campagnes ravagées, les terres réduites en solitudes : il voit les citoyens traînés en captivité, mutilés, massacrés : il voit Rome accablée de douleurs, veuve de ses citoyens, insultée par ses ennemis et couverte de ruines. Son cœur saigne, et gémit sur les souffrances de son troupeau. Fort de la confiance de son maître, il met tout en œuvre pour apporter quelque soulagement à ces maux. Il convient avec Agilulf, d'une trève qui est approuvée : les peuples respirent, et la
600. paix vient couronner leurs espérances.

Ainsi Dieu fait goûter d'avance au peuple de Rome, les douceurs du gouvernement paternel des papes, dont le souvenir, perpétué dans le cœur des générations futures, préparera les voies à l'indépendance de son Eglise.

Les désordres des guerres, qui ont en quelque sorte placé dans les mains de saint Grégoire, l'exercice de l'autorité souveraine, entraînent encore pour le siége de Rome, la conséquence d'une juridiction plus étendue. Les évêques, égaux entr'eux, tant qu'ils suivent la ligne de leurs devoirs, s'abandonnant aux affaires du siècle, exposés aux passions, aux jugemens des hommes, n'ont de recours pour échapper aux effets de la haine, de la calomnie, qu'au tribunal du souverain pontife dont l'autorité spirituelle qui les couvre, peut seule aussi les réduire à l'obéissance, par les censures et les peines canoniques.

Par là, se dévoilent les causes de la suprématie accordée par Dieu même au prince des apôtres, et la nécessité de l'indépendance de l'Eglise. Les dépositions d'évêques, si fréquentes en Orient par l'autorité des empereurs, n'ont lieu en Occident qu'après les décisions des papes. Des évêchés sont transférés; d'autres ruinés par les guerres sont unis; tous leurs droits, leurs revenus sont accordés à un seul; ainsi s'accroit la puissance des papes pour la conservation de la foi et le soutien des Eglises.

Le relâchement des mœurs du clergé, son amour du commandement, le désir de s'immiscer dans les affaires du siècle, produisent encore un autre effet.

Des démêlés s'étaient élevés, pendant les guerres, entre les abbés de divers monastères, et les évêques. Les premiers, soumis à la juridiction de l'ordinaire, pour l'observance de la discipline, avaient vu leur autorité compromise par l'insubordination des moines, la dissolution de leurs mœurs, leur dispersion. Ces causes appelaient naturellement la surveillance des évêques pour le rétablissement de l'ordre, et la réforme des abus. Il était difficile que le temporel des monastères, source de discussions, ne fût pas assujetti à leur inspection. De-là des différens entre les abbés et les évêques. Dans un temps où les moines étaient pour la plupart laïcs, ils avaient pu se soumettre à un supérieur de leur choix. Si la règle, si les vœux de pauvreté, de mortifications les présentaient aux peuples, comme des vrais serviteurs de Dieu; la nature même de leurs institutions les distinguait néanmoins du clergé séculier; une discipline intérieure était leur seule dépendance, ou plutôt la preuve de l'indépendance des abbés. Ceux-ci exerçaient l'autorité la plus absolue sur les personnes, admises dans leurs monastères.

Ces établissemeus, asiles des laïcs, fatigués du monde, avaient séduit, et séduisaient toujours les peuples par la pratique des souffrances volontaires. Le célibat était auprès d'eux un moyen de crédit qui avait acquis aux moines une popularité supérieure, même à celle du clergé. Si, pendant les guerres, les uns s'étaient livrés aux désordres, d'autres étonnaient encore par leurs austérités.

On ne pouvait voir sans attendrissement des hommes, voués à la pénitence, pieds nus, les fers aux pieds et aux mains, adressant à l'Eternel les prières les plus ferventes pour détourner les maux qui affligeaient l'humanité. Les dons, joints à leurs travaux, étaient venus enrichir ceux qui avaient fait vœu de pauvreté. Leurs abbés, riches propriétaires des biens de leur communauté, classés dans le rang des grands, s'étaient assis dans les conciles, à côté des évêques. Les hommes qui étaient sous leur règle, plus près du peuple, confondus en quelque sorte avec lui, par la nature de leurs travaux, avaient rendu dans les malheurs du temps, et rendaient encore les services les plus signalés à l'Eglise, en préservant les faibles de tomber dans les erreurs des schismes, et en fortifiant leur foi par la vertu de leurs exemples. 600.

Les évêques, appelés par les circonstances et l'étendue de leurs possessions, à ne pas rester étrangers aux choses du siècle, semblèrent, dans leurs démêlés avec les abbés, ne céder qu'à un système apparent d'ambition.

Pour la réprimer, saint Grégoire qui estime la vie monastique, comme plus sainte, plus retirée, toute vouée à la contemplation et au détachement des choses du monde; saint Grégoire qui a interdit aux moines la faculté de recevoir des successions; saint Grégoire accorde desprivilèges aux monastères, contre les entreprises de l'ordinaire. Il ne veut pas cependant les exempter, comme en Orient, de la juridiction des évêques ; il se contente de consacrer leur recours devant son tribunal suprême. Jaloux de l'observance de la discipline, il leur dit : « Soyez » soigneux du service divin, de peur qu'il ne » semble que vous ayez moins cherché à vous » mettre l'esprit en repos, qu'à éviter la cor-» rection de l'évêque. »

Cette mesure, née des circonstances, et sans doute dans les desseins de la Providence, créait dès-lors aux ordres des papes, une milice rapprochée du peuple, toujours prête à favoriser leurs prétentions. On verra que cette mesure qui devait servir alors si puissamment la religion, deviendra dans la suite des siècles un principe de corruption dans l'Eglise.

Telle fut l'influence de ce grand homme, de ce saint évêque sur son siècle, que, dans toute la chrétienté les mœurs du clergé sont réformées, et que l'empire de J. C. étendu par ses soins, sous de nouveaux climats, va porter enfin la lumière chez les idolâtres les plus endurcis.

CHAPITRE IX.

Retour des guerres et des désordres. Duel judiciaire. Triste état de l'Italie.

A peine saint Grégoire a-t-il fermé les yeux, 604.
que les passions et les vices, combattus par ses exemples, et contenus jusqu'alors par sa fermeté, se développent avec une nouvelle énergie, et lèvent une tête altière. Des vues ambitieuses et politiques viennent encore affaiblir l'esprit religieux du clergé. Des prêtres avides s'en servent comme d'un instrument pour parvenir à leurs fins, pour obtenir l'objet de leurs désirs.

D'un côté, l'exarque reprend l'autorité sur Rome privée de son évêque. De l'autre, les ducs Lombards font des guerres particulières, attaquent les états romains, et ne songent qu'à leur agrandissement. Envain les successeurs d'Agilulf, Adoloald et Arioald cherchent à les contenir dans le devoir. L'histoire n'offre que les meurtres des rois par les ambitieux qui aspirent à la couronne, ou les meurtres des grands, exécutés par les ordres des rois, effrayés de leur pouvoir. Tantôt des princes ariens, tantôt des catholiques sont assis sur le trône. Les évêques, tour à tour menacés ou séduits, ne peuvent rester étrangers aux événemens, et prennent parti dans les guerres, soit pour, soit contre les Lombards, suivant leurs intérêts temporels.

L'habitude du pillage, la perfidie, les actions les plus atroces, la naissance de nouvelles erreurs (1), jettent partout le désordre et la confusion.

La justice reste silencieuse et sans force, au milieu du cliquetis des armes. L'esprit guerrier cherche des décisions plus conformes à ses goûts. Le duel judiciaire paraît la raison suprême à des hommes, toujours armés, qui ne connaissent que la loi du plus fort. La vérité se cherche dans l'issue d'un combat. La femme accusée est coupable, s'il ne s'offre un champion pour la défendre, ou s'il succombe dans son ef-
632. fort généreux. On vit alors une reine elle-même (2), exposée à ce singulier jugement, faire triompher son innocence, par la défaite et la mort de son téméraire accusateur.

L'amour des combats, et le spectacle d'aussi grandes misères, devaient inspirer à quelques cœurs généreux, maîtres absolus de leurs actions, la pensée de s'armer pour le redressement

(1) L'erreur des monothélites. Elle consistait à ne reconnaître dans J. C. homme et dieu qu'une seule volonté.

(2) Gondeberge, fille d'Agilulf, et femme du roi Arioald.

des torts et griefs, faits à des êtres faibles et sans défense. Aussi peut-on remarquer un commencement d'esprit de chevalerie et d'aventures, dont nous suivrons les effets dans les siècles suivans.

Quoiqu'il en soit, la confusion des divers états d'Italie semble portée au dernier degré. L'argent semble le seul Dieu auquel on sacrifie honneur et religion. Les siéges épiscopaux redeviennent l'objet des brigues; et presque toutes les villes de la Lombardie ont deux évêques, l'un catholique, l'autre hérétique arien. La chaire pontificale attire surtout l'attention des princes les plus puissans, pour la nomination des papes. L'éloignement du siége de l'empire, l'influence de l'exarque qui commande en souverain, peut-être le désir de l'indépendance qui semble animer le clergé, font tomber en désuétude, l'usage de la confirmation des papes, réservée à l'empereur. Ils sont consacrés, sans attendre d'ordres, et l'empire, occupé de ses dissentions et de ses guerres, semble ne plus attacher d'importance à un droit dont il était si jaloux. On verra que l'oubli de cet usage servira de base un jour, aux prétentions les plus exagérées.

Dans ce temps, la licence des guerriers ne connait plus de frein. Le sacrilége n'a plus rien qui
les étonne. L'exarque lui-même, dont le trésor 638.
de Rome tente la cupidité, fait, pendant une vaçance du Saint-Siége, après la mort du pape

Honorius, livrer le palais du souverain pontife au pillage des troupes qui sont chargées de le défendre.

Ainsi l'Italie, à l'époque où nous nous trouvons, poussée vers la barbarie par ses institutions politiques, et par les mœurs féroces des étrangers qui déchirent son sein, est à peine retenue sur le penchant de sa ruine, par les lumières de la religion qui l'éclairent. Divisée en plusieurs états, elle tend à se diviser encore. Rome également incapable de se soustraire au joug de l'empire et de s'y soumettre, environnée d'ennemis dont elle redoute de devenir la proie, est agitée par les factions qui se forment pour arracher quelques lambeaux au pouvoir.

Le clergé d'Italie, tout puissant sur l'esprit du peuple, par l'effet de la tyrannie des ducs et des rois Lombards, compose toujours au milieu des discordes, un corps indépendant, mu par un même intérêt, n'obéissant qu'à ses lois, à ses régles canoniques. Mais si des évêques appelés à la conduite des choses temporelles, tentés par les circonstances, se laissent entraîner à des désirs d'ambition, Dieu fait tourner leurs passions au profit de l'humanité. Ils répriment l'orgueil des grands, consolent les petits dans leur misère, et par le principe d'autorité sur les consciences, ils ramènent autant que possible, l'ordre dans le désordre. Rapportant tout à Dieu, le présentant sans cesse comme fin de toutes choses, ils expliquent aux rois comme aux peuples, la raison du pouvoir et des devoirs consacrés dans la loi divine dont ils dérivent. Leur voix, perdue dans le tumulte des passions, jette néanmoins les semences d'une civilisation qui doit fructifier un jour.

Voilà donc ce qu'était devenu dans le cours d'un siècle environ, le royaume si florissant de Théodoric, par le vice de ses institutions, toutes fondées sur la force et l'arbitraire, toutes dépendantes du génie de l'homme qui les avait créées. Après avoir parcouru les changemens remarquables que l'Italie avait subis dans ce laps de temps, changemens amenés seulement par la force des circonstances, sans plan fixe, et comme effets du mélange des idolâtres avec les chrétiens, qui tendaient en même temps, et par un mouvement irrésistible à se tenir séparés et à s'unir, nous allons jeter les yeux sur l'Espagne, qui avait aussi goûté le bonheur sous la domination de ce grand prince

TROISIEME PARTIE.

L'ESPAGNE.

CHAPITRE PREMIER.

Théodoric, roi des Visigoths.

511. LE royaume des Visigoths, envahi par les armées triomphantes de Théodoric, venait de se soumettre à sa domination. Aïeul d'Amalaric, fils du dernier roi, il prend, en son propre nom, les rênes du gouvernement. L'Espagne sous ses lois, et sous le commandement de Theudis, son lieutenant, jouit de la tranquillité et du bonheur réservés aux nations que guide un esprit ferme et porté à faire régner l'ordre et la paix.

Chrétienne depuis long-temps, la péninsule n'avait presque plus dans son sein d'autre mélange que celui des catholiques et des ariens. Par sa position isolée, qui ne lui laissait de contact direct qu'avec les Français, et par l'effet du calme que Théodoric lui assure, les usages commencent à se consolider, et à acquérir un degré de fixité.

Comme en Italie, la propriété, le commerce, l'industrie, les sciences, se développent. Chacun dans son rang, peut jouir avec sécurité des avantages de sa position; et sous la protection des lois romaines, les paysans serfs, soumis à des redevances, ne craignent point de perdre les fruits de leur labeur; ils peuvent travailler à l'amélioration de leur sort.

Les divisions sur le point de la religion, pouvaient bien exciter des haines et des troubles, mais la morale du christianisme, toujours la même dans toutes les sectes, sur toutes les œuvres de charité, sur les régles de la vie privée, semblait disposer les cœurs et les esprits, à la concorde, à l'harmonie, et faciliter la conduite du gouvernement et des peuples, dans l'administration des choses temporelles.

Aussi malgré les germes de division existant entre les sujets, à cause du schisme, la tolérance de Théodoric permet aux évêques catholiques de réparer les désordres nés dans les troubles. La discipline relâchée pendant les guerres, par l'ignorance d'une partie des ministres de la religion, est remise en vigueur. Les conciles si nécessaires
au bien de l'Eglise sont enfin tolérés et rétablis. 516.
Les formes ne pouvaient être les mêmes que dans les autres états de la chrétienté. En conséquence, avec la permission du roi, le métropolitain vi-

caire du souverain pontife, convoque avec les évêques, les prêtres de la cathédrale, ceux de la campagne et quelques séculiers. Par ces synodes provinciaux, uniquement occupés de la réforme des abus et du maintien de la discipline, l'église catholique, en présence de ses adversaires, intéressée à corriger ses mœurs, peut faire fructifier la parole divine. Des laïcs, touchés de l'esclavage de la véritable église, ou exaltés par les contradictions même des hérétiques, et par les exemples de leurs frères dans les autres royaumes, se détachent des biens de la terre, se vouent à la pauvreté et commencent à fonder des monastères. D'autres augmentent le nombre de ceux qui, retirés dans les bois, mènent une vie solitaire : et tous offrent au peuple des modèles des vertus chrétiennes, qui avaient étonné tant de nations, et causé la conversion des infidèles.

Les mœurs du clergé catholique étaient donc améliorées, lorsque les persécutions de Théodoric contre les catholiques en Italie, se font aussi
523. sentir en Espagne.

Alors les esprits s'agitent ; et malgré tout l'éclat de son règne, ce roi foulant aux pieds les principes de l'éternelle vérité, plus avide de gloire que de justice, ne se montre plus que comme un homme ordinaire. Développant les passions de ses sujets, il prouve qu'il méconnait les principes de la conservation des empires. Sa puissance n'est bâtie que sur le sable ; il semble avoir voué sa race à une destruction inévitable, et ses peuples à des révolutions sans cesse renaissantes.

Ayant imposé le joug de la force à une nation fière et jalouse de ses libertés, retenant sur sa tête une couronne qui ne lui appartenait pas, la couronne de son petit-fils Amalaric, il avait brisé les liens qui unissent les peuples et les rois. Cependant, dans un temps où les élections au trône étaient d'un usage si fréquent, il avait pu faire oublier ce que sa violence avait d'injuste, en donnant le bonheur à ses sujets.

Mais guidé lui-même par ses passions et une vaine gloire du commandement, au lieu de se constituer le conservateur des droits d'Amalaric, il place en quelque sorte sur le trône même, un sujet qui peut redouter sa puissance pendant sa vie, mais un maire du palais à qui les hommages des peuples vont s'adresser par habitude, et qui pour conserver l'exercice de son pouvoir, n'a qu'à corrompre les mœurs de son royal pupille, et préparer habilement sa chute. Le succès de la longue domination de Théodoric sur le royaume des Visigoths, ne sert donc qu'à détruire le prestige de la royauté. A sa mort, la porte doit s'ouvrir à l'ambition des grands, déjà en possession d'un droit d'élection dans la ligne héréditaire.

Si à ces causes de destruction, se joignent des causes qui naissent de la diversité des religions, des persécutions, de l'état des guerres civiles et étrangères, pourra-t-on s'étonner d'une catastrophe inévitable, quoique facile à prévoir et à prévenir.

526. Théodoric laisse donc en mourant le royaume des Visigoths prêt à entrer dans les convulsions de l'anarchie, et l'Espagne, malgré ses progrès dans la civilisation, nourrit en elle un foyer de troubles et de dissentions, qui ne pourra s'éteindre que par la disparution des causes qui l'alimentent.

CHAPITRE II.

Amalaric, roi des Visigoths.

QUELQUE soient les symptômes qui semblent menacer Amalaric, les droits de sa naissance sont respectés, et il recueille tranquillement l'héritage de son père, à la mort de son ayeul.

Ce prince, resté étranger au gouvernement de son royaume, sans connaissance des hommes, parvient à la couronne dans le temps des persécutions exercées contre les catholiques. Son inexpérience ne tarde pas à lui aliéner l'esprit d'un grand nombre de ses sujets. Son zèle pour l'arianisme lui fait poursuivre ses victimes jusque dans les asiles respectés des églises. Le trône où est assise auprès de lui la fille de sainte Clotilde, reine de France, ne peut la mettre à l'abri de sa haine contre les catholiques. Les cris des fidèles, le sang de la reine s'élèvent contre Amalaric.

Dieu arme le bras d'un vengeur; Childebert, roi des Francs, s'avance dans le royaume des Visigoths, pour délivrer sa sœur; et Amalaric, trahi et abandonné par ses sujets, n'ayant l'espoir de conserver la vie, qu'auprès des asiles sacrés qu'il a si souvent violés, périt par l'effet de la vengeance céleste, à la porte même de l'église où il cherche son salut. 531.

CHAPITRE III.

Theudis, roi des Visigoths. Couronne élective.

Theudis, autrefois le lieutenant de Théodoric, recueille le fruit des piéges tendus à l'inexpérience de son roi. Les grands, d'un consentement unanime, donnent la couronne à celui à qui ils ont l'habitude d'obéir; mais la couronne alors est purement élective.

Le mécontentement d'un grand, la jalousie du commandement, un revers, ces intrigues de palais qui se jouent du repos des peuples, exposent la monarchie aux caprices de la fortune, aux hasards des événemens. Dans un état où le mépris du principe de l'autorité de l'Eglise, professé par le souverain lui-même. met en question le principe de la puissance humaine, quelle sagesse, quelle prévoyance pourra garantir la tranquillité publique ?

Theudis, exercé au commandement et formé à la royauté, sous les ordres du roi le plus puissant; aimé des Visigoths qui ont goûté le bonheur sous ses lois, Theudis, parvenu à la couronne sous les auspices les plus flatteurs, ne peut cependant échapper aux conséquences qui résultent de la situation politique de l'Espagne. Envain il maintient la paix, favorise le commerce et l'industrie. Envain il attache le peuple aux travaux de l'agriculture. Envain il protége l'Eglise, arrête les persécutions, autorise les conciles.

La férocité de la nation, toujours alimentée par l'ambition et par l'erreur, ne peut être adoucie. La superstition, née de l'ignorance et du conflit des doctrines, introduit les usages les plus barbares. L'épreuve du feu devient la loi suprême dans les jugemens. Les uns sont condamnés à manier des fers brûlans, d'autres à boire de l'eau bouillante, pour prouver leur innocence. Croyant interroger la vérité même, on pense, en se livrant à des prestiges que Dieu ne permettra pas le triomphe de l'imposture.

Des chrétiens, qui conservent un reste de mœurs payennes, font mourir les enfans nés de leurs débauches; dans les solemnités des saints, ils pratiquent des danses scandaleuses, ils se permettent des chansons impures. Des restes d'idolâtrie et les marques de deuil du paganisme se perpétuent.

L'Eglise elle-même, toujours inquiète sur son existence, n'inspirant point une confiance générale, ne peut combattre avec succès des coutumes absurdes, et des mœurs corrompues.

Malgré les canons, malgré les censures des conciles, on voit des prêtres mariés; on voit des laïcs s'engager dans les ordres sacrés, quoique engagés dans les liens du mariage. La lutte de l'hérésie contre la vérité, exalte l'ambition des ministres des deux cultes: et ceux qui préfèrent leur propre ignorance à l'autorité de l'Eglise, n'hésitent point à chercher dans les richesses de la terre, les moyens de s'égaler aux grands.

Aussi quelque soit la tranquillité d'un règne de dix-huit ans, à peine troublé par une guerre passagère, la nation fait difficilement quelques pas vers le bien, et Theudis périt enfin de la main d'un assassin. 548.

CHAPITRE IV.

Conséquences de l'élection des rois. Theudisele, Agila, Athanagilde, rois des Visigoths. Progrès du catholicisme.

Après la mort de Theudis, les conséquences du système adopté pour la succession au trône, se montrent dans toute leur force; toutes les ambitions sont en jeu.

Theudisele, élu par les grands, pose vainement sur sa tête la couronne qu'il perd aussi-
549. tôt avec la vie.

Agila, à son tour élevé à la royauté, est bientôt en butte à la haine, à l'indocilité de ses sujets révoltés. Il essaie en vain de défendre contre Athanagilde son trône chancelant. Les passions qui l'attaquent, trouvent un secours puissant auprès de Justinien, empereur d'Orient, qui ambitionne la gloire de faire rentrer l'Espagne sous sa domination, et d'ajouter cette conquête à celle de l'Italie. Athanagilde, rébelle à son roi
554. qui tombe sous le fer assassin de ses sujets, ose s'asseoir sur ce trône dangereux.

Dans ces troubles, où la nation en armes ne respire que combats, nous voyons toujours s'épaissir le voile de la superstition. Le schisme, l'hérésie emploient la fourberie pour détruire les effets des vertus surnaturelles des saints solitaires, et des moines qui attirent la vénération du peuple. Car au milieu des guerres, l'Eglise catholique acquiert plus de crédit en Espagne. Des villes délivrées par l'exercice des pratiques religieuses qui désarment des rois; des campagnes préservées du pillage, par l'intercession des évêques auprès des princes orthodoxes qui traînent à leur suite les fléaux de Dieu, sont des miracles parlant aux cœurs des peuples. La piété d'un monarque Français (1), qui borne sa conquête aux reliques d'un saint, à la tunique de saint Vincent, dispose une foule de témoins, étonnés du pouvoir de la vraie religion, à rentrer dans le sein de l'Eglise.

Telle fut son influence sur Théodemir, roi des Suèves. Alarmé pour les jours de son fils, 561.
n'espérant rien des prières des prêtres ariens, à qui Dieu refuse le don des miracles, il a recours à l'intercession de saint Martin de Tours, dont le tombeau opère des prodiges. Ses vœux sont exaucés. Son fils est rendu à la santé; et dans l'excès de sa joie et de sa gratitude, convaincu de la vérité par la puissance du bienfait, il abjure l'hérésie. Son exemple est suivi d'un grand nombre de ses sujets, dans la partie de l'Espagne soumise à sa domination.

---

(1) Childebert I.

Cependant il est aussi, comme dans les autres royaumes de l'Europe, des prêtres infidèles à leurs devoirs, des prêtres ambitieux qui abusent de la crédulité des hommes. Les esprits, accoutumés au merveilleux, cherchent et voient partout des miracles. Les revers des rois sont attribués au pouvoir des saints. On ne peut distinguer alors, qu'ils sont essentiellement liés à des institutions vicieuses, sources de désordres et de crimes.

Athanagilde, allié de Justinien, père de la reine de France, Brunéhaut, soutenu par l'éclat de ses alliances, rend enfin quelque repos à l'Espagne, et parvient naturellement au terme de sa vie.

CHAPITRE V.

Interrègne. Anarchie. Liuva, roi des Visigoths.

567. AUSSITÔT la jalousie des grands qui aspirent à la couronne, livre le royaume à l'anarchie. Un interrègne de six mois est rempli de dévastations, d'usurpations, de guerres particulières. Des hommes puissans, maîtres chacun dans leurs duchés, exercent l'autorité souveraine, brûlent d'en conserver toutes les prérogatives. Des laïcs se mettent en possession des biens d'église, prétendant au droit de régale; pendant l'interrègne, l'état

monarchique, dans sa décadence, prend une tendance visible vers un gouvernement féodal, ou au moins aristocratique.

Les souverains qui partagent avec les Visigoths le territoire de l'Espagne, les laissent se détruire entr'eux, pour en faire une proie facile. Enfin, l'empereur d'Orient croyant l'instant de leur ruine arrivé, porte chez eux la flamme et le carnage.

Le besoin d'une défense commune réunit, après bien des combats, le choix du plus grand nom- 568.
bre sur Liuva, que les Visigohts saluent pour leur roi. Mais ce prince instruit par l'expérience, sachant que son trône est glissant, voyant encore des partis opposés à son élection, fait associer à la royauté son frère Leuvigilde. Ce coup de sa politique, conseillé par les circonstances, affermît sa couronne, autant que possible, en ôtant aux grands la liberté et l'espoir d'élire un nouveau roi.

Cependant l'anarchie dure encore. Les mécontens, jaloux de voir leurs espérances frustrées, plus jaloux du triomphe de leurs adversaires, qu'effrayés de la domination des Grecs, passent dans les camps ennemis, combattent pour la ruine de leur pays; ou plutôt, aveuglés par leur hâine, ils se flattent qu'après s'être servi d'un secours ennemi, pour abattre le parti vainqueur, ils seront assez forts ensuite pour poser des bornes à l'ambition de leur allié, et profiter seuls de la victoire.

Tristes effets des dissentions civiles! Etrange égarement des passions qui précipitent les hommes dans des démarches si contraires à leurs vrais intérêts! Des divisions aussi funestes semblent annoncer la décadence entière du royaume des Visigoths.

Mais une société, dans l'enfance encore, a dans son propre sein une force vitale, qui peut la faire résister long-temps aux désordres les plus grands. Le luxe n'a point encore amolli les membres du corps social, ne les a point encore endormis, asphixiés dans les vapeurs enivrantes des voluptés. Au contraire, endurcis aux travaux les plus pénibles, sobres, peu sensibles aux privations, contens quand les premiers besoins de la nature sont satisfaits, ils conservent toute l'énergie de leur première férocité. Semblables à des enfans, trop ignorans pour calculer les dangers, ils restent inaccessibles à la crainte, et leur confiance en leur propre force les élèvent au niveau des obstacles qui se présentent.

L'autorité royale que nous avons vue fondée chez ces nations sur un pouvoir absolu, suffit pour imprimer à tous ses adhérens, un mouvement uniforme, qui double sa force contre des partis ennemis, divisés de vues et d'intérêts. La position territoriale de l'Espagne était particulièrement favorable au développement de ces avantages.

Aussi tandis que Liuva réorganise les diverses parties de l'administration du royaume, et fait respecter l'autorité royale par sa sagesse et sa prudence, Leuvigilde obtient contre l'empire les succès les plus éclatans.

Les succès qui légitiment tant d'actions dans le monde, donnent une nouvelle vie à la monarchie des Visigoths. La couronne se consolide.

Mais Dieu qui les a permis, permet encore, pour faire éclater ses desseins sur l'Espagne, la division des grands. Néanmoins Leuvigilde déjà roi, succède sans contestation à son frère Liuva. 572.

CHAPITRE VI.

Leuvigilde, roi des Visigoths. Conversion et martyre de son fils Hermenigilde.

Leuvigilde, à la mort de son frère, est bien reconnu roi; mais les jalousies, les divisions des grands subsistent, et semblent déjà convoiter une couronne élective. Les mêmes craintes, les mêmes dangers commandent à sa prudence les mêmes précautions qu'avait prises Liuva. Ses fils, Herménigilde et Recarede sont associés à la 573.
couronne.

Qui n'admirerait la suite des desseins de Dieu, qui veut enfin extirper l'hérésie en Espagne! Les grands qui sont jaloux de conserver leurs droits, leurs prétentions au trône, les grands qui ne le veulent pas héréditaire dans une seule famille, les grands, qui sont en possession d'élire leurs souverains, et qui bientôt encore jouiront, pour leur malheur, de ce funeste privilége, les grands se voient par une force irrésistible, dépouillés de cette faculté, afin d'environner de plus d'hommages ceux qu'il a choisis dans sa sagesse, pour ramener le peuple à la vérité.

En effet, l'œuvre de Dieu s'avance. Ingonde, fille de Sigebert, roi des Francs, devient la compagne d'Herménigilde. Ce prince, témoin de ses vertus, éclairé par des évêques catholiques, se sent embrasé d'une ardeur jusqu'alors inconnue pour les biens spirituels, promis par l'Eglise, à ceux-là seuls qui se trouvent dans son sein. Après de longs combats avec lui-même, son cœur épuré par la foi, méprisant les grandeurs qui l'environnent, abjure l'hérésie, et il ose, aux yeux de son père irrité, professer la religion catholique.

Il n'est point de séductions, point de menaces qui puissent changer un cœur dont Dieu a accepté le don.

Envain Leuvigilde, père et roi, commande et veut être obéi en maître. Un maître plus puissant prête sa force à Herménigilde, et lui fait apprécier les droits et les devoirs d'un souverain, mais l'erreur ne peut souffrir le triomphe de la vérité. Elle souffle à Leuvigilde de soumettre son fils par la force des armes.

Cependant le cœur d'un père souffre d'allumer la guerre contre son propre sang. Un concile d'évêques ariens est convoqué, pour terminer les différens de religion. Des concessions sont faites et demandées aux catholiques, pour se trouver réunis dans une même communion.

Signes certains de l'erreur! Car si la vérité est une, quelles concessions peut-elle faire? (1)

---

(1) On dit la religion catholique intolérante, et c'est pour cette cause que les diverses sectes de la prétendue réforme la rejettent et l'attaquent avec tant d'acharnement, en réclamant la tolérance pour toute espèce de croyances.

Mais si on veut y réfléchir, la vérité est de son essence intolérante; et pour rendre la chose sensible, aux yeux même des plus simples, nous demanderons : Quoi de plus intolérant que cette vérité, 2 et 2 font quatre? Quelque esprit, quelque subtilité que vous mettiez à la détruire, ou à prouver qu'on peut y arriver par d'autres propositions arithmétiques, c'est elle qui vous repousse et qui reste comme un roc inébranlable contre lequel tous les raisonnemens viennent échouer.

Il en est de même de la vérité, en matière de religion. Elle est une, elle est nécessairement intolérante, c'est son

Aussi les ministres de la vérité, sourds à toutes propositions indignes d'elle, ne peuvent que souffrir et mourir pour sa défense.

Les persécutions commencent. Plusieurs évêques catholiques sont bannis ou dépouillés de leurs biens ; d'autres battus, emprisonnés, mis à mort. Les églises sont privées de leurs revenus, de leurs priviléges. D'autres prélats, au contraire, entrés par ambition dans les ordres sacrés, séduits par la possession des biens de la terre, par les libéralités qu'ils attendent pour récompense de leur désertion, se font rebaptiser en signe de leur adhésion à l'arianisme.

---

cachet, son signe de vérité : et la tolérance réclamée par les diverses sectes est le cachet de leur erreur. Quelques ingénieux, quelques flatteurs pour l'orgueil de la raison que soient les raisonnemens, pour prouver que hors de la religion catholique, on peut être dans la vraie religion de J. C. ; quelque soit même la ressemblance de la morale, des préceptes et de la croyance, la vérité repousse tout ce qui n'est pas un et entier comme elle.

C'est comme si on voulait arriver à la proposition que nous avons posée, par des décimales ou les logarithmes. Il est clair que la fraction manquante, à quelque degré d'exiguité que l'imagination puisse la concevoir, suffit pour être hors de la vérité.

Mais par un renversement du sens des mots, quand on dit la religion catholique intolérante, ce n'est pas d'elle dont on veut parler, puisqu'on prétend que le christia-

La guerre est résolue contre Herménigilde, fidèle à sa nouvelle croyance. Ce prince, associé à la couronne de son père, et toujours esclave des mœurs de son siècle, croit, malgré sa conversion, servir la cause de Dieu, en opposant la force à la force. Il cherche dans les catholiques d'Espagne, soumis à l'empire, un secours per-

---

nisme se prête à toutes les variantes, adoptées par les adorateurs de J. C., et qu'elles doivent se tolérer les unes et les autres. On veut parler des ministres catholiques à qui le dépôt en est confié, comme interprétant d'une manière intolérante, la religion chrétienne qui ne l'est pas. Là est l'erreur; car tout ce qui est de foi, suivant la tradition des apôtres et de l'Eglise, ne peut être soumis à interprétation, pas même à l'examen. Tout ce qui y tient, touchant à la révélation, est cette vérité intolérante que les ministres de la religion sont chargés d'apprendre, avec toute la douceur de la tolérance. Aussi conservent-ils tout l'esprit de l'intolérance de la vérité, pour les erreurs elles-mêmes, tandis qu'ils n'usent contre les personnes qui les professent, que d'armes spirituelles remises par J. C. en leur pouvoir.

Ce serait bien envain que, pour prouver l'intolérance des catholiques, on citerait la saint Barthélemi, et les effets de la révocation de l'édit de Nantes. Ces faits conçus et avoués par la politique, désavoués au contraire par la religion qui les condamne, ne peuvent pas plus lui être imputés que les écarts quelconques de certains ministres de l'Eglise, ambitieux ou pervers.

fide. Il arbore l'étendard de la révolte ; et bien-
583. tôt livré à la vengeance de son père, par les
586. Grecs à qui il s'est confié, il expie sa faute par
les mérites du martyre.

Leuvigilde, altéré du sang des catholiques, voit partout en eux, les ennemis de son trône. Les Suèves, ses voisins, nouveaux convertis, les sujets de l'empire d'Orient deviennent l'objet de ses ombrageux soupçons. Partout il porte une guerre meurtrière. Sa colère redouble sa force et
586. ses efforts. Partout ses armées sont triomphantes; partout il impose l'arianisme; le royaume des Suèves est anéanti. L'Espagne presqu'entière reconnait la loi des vainqueurs : et lareligion catholique est aux abois, lorsqu'elle est si près de son triomphe.

Voies admirables de la Providence, incompréhensibles à la faible raison humaine ! elle tire du succès de ses ennemis même, et des souffrances de ses serviteurs, l'occasion de manifester plus dignement sa toute-puissance et sa gloire.

Le sang d'Herménigilde semble être pour l'Espagne entière, le sceau d'une nouvelle alliance. Les peuples qui l'habitent sont presque tous réunis sous une même domination : les persécutions, essuyées par les catholiques, les ont rendus plus chers, plus respectables encore. Les provinces conquises regrettent la liberté de leur culte. La volonté du roi suspend les dispositions de ses sujets par la crainte.

Mais le moment arrive où Leuvigilde, étendu sur son lit de mort, ne peut contempler sans effroi le souvenir des maux qu'il a faits à l'Eglise. La vue d'Herménigilde qui a tout quitté pour la couronne du martyre, se peint sans cesse à son esprit. Son image, errante autour de lui, lui apparait radieuse, comme au séjour des bienheureux; elle lui montre le néant des vanités du monde; elle l'implore pour le salut de l'ame de son père. Alors Leuvigilde est touché de repentir. Il cherche la vérité, il appelle ceux qu'il a persécutés, pour l'éclairer sur son erreur; il invite enfin son fils Recarede à s'instruire des vérités de la foi, et à réparer dans son royaume, les maux qu'il y a causés. 587.

CHAPITRE VII.

Recarede, roi des Visigoths. Retour de l'Espagne à la foi catholique.

A peine Leuvigilde a-t-il fermé les yeux à la lu- 587.
mière, que Recarede, son collègue à la royauté et son successeur, embrasse la religion catholique. Déjà éclairé sur la foi, par ses conversations avec son frère, et par la mort touchante de son père, il signale son avénement au trône par son abjura-

tion. Environné du respect d'une nation, accoutumée depuis plusieurs générations à contempler en lui l'héritier et le descendant de ses rois, il suit la grace qui l'entraîne à sa conversion. Rien ne peut arrêter sa résolution, ni le mécontentement des ariens, ni la crainte des dissentions civiles, ni l'orgueil du commandement qu'il abaisse sous l'autorité de Dieu, ni les prétentions de la cour de Rome qui commande à l'Eglise universelle.

Les évêques ariens, soit par soumission ou ambition, soit par indifférence ou conviction, sont
589. les premiers à suivre son exemple. Tous les livres de l'arianisme sont réunis et brûlés par les ordres du roi. Un concile général est convoqué pour la réconciliation des deux Eglises. Le monarque n'admettant aucun hérétique dans ses armées ou dans les charges, réussit à convertir la presque totalité de la nation des Visigoths.

C'est ainsi que Dieu, dans sa sagesse, préparant les événemens par des moyens extraordinaires, quoique humains, change en biens les maux dont l'Eglise semblait la victime. Tout frappe, tout étonne dans ses œuvres admirables, lorsque sa bonté les manifeste à la connaissance des hommes.

Un coup d'autorité aussi important devait nécessairement froisser des intérêts, déjouer des ambitions, blesser des amours-propres, exciter enfin les passions humaines. Les évêques, les prêtres ariens vivaient maritalement avec leurs femmes. Les lois canoniques leur commandent la continence la plus absolue. Les églises ariennes, souvent situées dans des diocèses catholiques, étaient indépendantes des évêques. Elles leur sont rendues avec tous leurs revenus. Sous le gouvernement arien, les juifs pouvaient exercer les charges publiques, posséder des esclaves chrétiens, épouser des femmes chrétiennes. Des réglemens les privent de tous leurs emplois, leur défendent les esclaves catholiques, ordonnent que les enfans, nés de leurs mariages avec des chrétiennes, seront présentés aux fonts baptismaux. Le travail était permis tous les jours de la semaine. Il est interdit le jour de Dimanche, sous peine d'amende pour les hommes libres, et de la fustigation pour les esclaves. Le retour à l'arianisme est puni de l'excommunication ou de la confiscation des biens, suivant les qualités des personnes, clercs ou laïcs.

Pour obtenir la réunion effective de tous ses sujets à une même communion, Recarede augmente l'autorité des évêques; comme dans d'autres états de l'Europe, ils sont chargés d'inspecter les juges, les administrateurs du royaume, de les instruire dans la manière de gouverner les peuples; et à cet effet, les grands et les principaux agens dé l'autorité doivent assister aux conciles tenus annuellement.

Les soins du pape Grégoire-le-grand, pour affermir la conversion des Visigoths, s'étendent du souverain aux sujets et aux membres du clergé. « Ayez soin, dit-il à Recarede, de ne pas vous » laisser surprendre à la colère, de ne pas faire » promptement tout ce qui vous est permis. La » colère, même en punissant les coupables, doit » obéir à la raison, comme une esclave. Quand » elle est maîtresse, elle fait passer pour justice la » cruauté même. »

La pureté de la foi et des mœurs des ariens est sévèrement surveillée et la simonie réprimée.

Le retour à la catholicité devait naturellement augmenter le pouvoir des évêques même dans l'intérêt dè la royauté. Mais dans celui de la religion, des bornes sont mises à l'autorité des rois pour l'élection des évêques. Un laïc ne peut être élu tout-à-coup, malgré les ordres du souverain : et pour déjouer les brigues, il est arrêté que l'archevêque avec ses suffragans, doit, sur le choix de trois sujets, fait par le clergé et le peuple, tirer au sort le nom de celui qui sera consacré.

Cette augmentation d'autorité des évêques comprime les efforts de quelques mécontens, de quelques prêtres ariens qui tentent plusieurs fois de soulever le peuple. Quelques-uns, réfugiés dans les asiles des églises, pour se soustraire à la peine méritée, sont condamnés à se consacrer au service de ces mêmes églises.

Après ces vaines tentatives des ariens, l'ordre renait sous un gouvernement fort et paternel, qui a conquis les hommes de la nation par sa sagesse, sa clémence, sa justice et par la splendeur qui environne le trône.

Leuvigilde avait introduit le premier, l'usage du manteau royal et des habits différens de ceux du peuple pour les personnes de sa cour. L'appareil de la royauté, en imprimant plus de respect, avait disposé la nation à plus d'obéissance, et prêtait une force plus imposante aux actes émanés de l'autorité.

Après un règne glorieux et tranquille, Recarede meurt regretté et béni de son peuple; et jus- 601.
que dans les générations les plus reculées, la nation espagnole, reconnaissante de sa conversion au catholicisme, le comblera de ses bénédictions; et toujours à son nom vénéré, elle se ralliera pour défendre le dépôt de la foi qu'il lui a légué.

CHAPITRE VIII.

Liuva II, roi des Visigoths. Retour aux élections. Witeric. Gondemar. Sisebut. Récarede II.

L'ÉPOQUE d'un nouveau régne, sous un gouvernement électif, est toujours dangereuse. Liuva, fils de Recarede, reconnu roi par l'acclamation
601. des grands, semble venir à la couronne comme à l'héritage de son père. Le souvenir de la félicité du peuple sous le dernier monarque, semble lui assurer l'amour de ses sujets, et remplit en effet tous les cœurs d'espérance.

Mais le levain de la secte supprimée subsiste encore. Des ariens, faux convertis, qui ont vu l'empire de la religion sur le peuple, passer entre les mains des évêques, se flattent dans les troubles et les désordres, de recouvrer quelque crédit. L'instant est favorable à leurs projets ambitieux. Ils s'agitent en tous sens. La royauté, qui protége l'Eglise, est le premier objet de leur attaque : il faut s'en rendre maitre; sans elle que pourraient-ils ?

Un jeune roi sans expérience, confiant dans l'obéissance de ses sujets, un roi qui se croit chéri, et qui ne compte point d'égaux parmi les grands, méprise ces symptômes précurseurs de sa chute.

Cependant Witeric, autrefois conjuré contre Recarede, et qui a dû la vie à la clémence de son souverain, se fraie le chemin au trône, à l'aide des ariens. Liuva périt de sa main. 603.

Les grands, jaloux de recouvrer leurs anciens privilèges, satisfaits de disposer d'un sceptre qui ne soit plus la propriété d'une seule famille, s'empressent de couronner le crime. Les prélats soumis aux puissances, subissent la loi de Witeric.

Ce prince, après avoir consolidé son pouvoir et réduit quelques opposans, prépare dans le silence l'œuvre du rétablissement de l'arianisme. Mais Dieu qui a construit lui-même l'édifice de son Eglise, en Espagne, le livre sans défense entre les mains de son peuple. Son corps est 610.
mis en lambeaux.

La Providence qui veille sur son Eglise, permet alors que la France soit encore l'instrument de ses desseins, pour assurer au peuple d'Espagne l'exercice de la religion catholique. Sous la puissante protection d'une armée française qui lui impose un tribut, Gondemar est élu par les grands. Les évêques, leurs égaux par l'étendue de leurs possessions, réclament, pour le maintien du culte, de concourir désormais à la nomination des rois.

L'arianisme vaincu ne peut plus rien entreprendre contre l'Eglise. Néanmoins, les passions précipitent encore Gondemar de son trône.

612. A la mort de ce prince, Sisebut réunit les suffrages. Aussitôt, en politique habile, pour contenir l'humeur inquiète des grands, et donner un aliment à leur ambition, ce monarque s'engage dans des guerres contre l'empire d'Orient. Les combats ne lui font point perdre de vue le soin de son royaume. Juste, et même savant, ce prince fait le bonheur de son peuple. Son zèle pour la religion catholique le porte à persécuter les juifs qui se livrent au trafic dans ses états. Chassés d'Espagne par ses lois, ou obligés de recevoir les eaux du baptême, ils ne sont point à l'abri de ses atteintes dans le royaume de France, et dans l'empire d'Orient. Sa haine les y poursuit, et il sollicite des souverains de ces états, l'expulsion de cette race déïcide.

L'Eglise ne peut voir sans douleur des lois si contraires aux préceptes de la morale chrétienne. L'Eglise ne veut que des sacrifices volontaires, que des conversions, fruits de la grace divine. Mais des prélats jaloux de leur autorité, privés de leurs conciles par l'effet des guerres, s'offensent de n'avoir pas été consultés sur des mesures qui intéressent la religion. Ils portent leurs plaintes aux pieds du trône. L'ambition saisit toutes les occasions d'accroître la puissance du clergé.

Mais les guerres contre l'empereur d'Orient, heureusement conduites, détournent l'attention du peuple de tout autre objet, et elles portent la gloire du régne de Sisebut à un si haut degré, qu'à sa mort, la reconnaissance pose la couronne sur la tête de son fils Recarede, encore enfant. 621.

Son régne est à peine commencé, que ce jeune rejeton est moissonné comme la fleur printanière, sous la faux du temps.

CHAPITRE IX.

Suinthila, roi des Visigoths. Sentence canonique des évêques contre Suinthila et son fils. Sisenand élu roi des Visigoths.

SUINTHILA, fils de Recarede I, général des armées de Sisebut, succéde à Recarede II, et est élevé sur le trône aux acclamations des grands, et du consentement des évêques. 621.

Ce prince, déjà couvert de gloire dans les combats, sorti de la tige des rois, parvenu à une couronne qu'il croit appartenir à sa famille par droit de naissance, forme dès lors le dessein de l'assurer à son fils, Richimer. Comptant sur les dispositions du clergé, plein encore du souvenir des services rendus par Recarede I à l'Eglise, il craint la jalousie des grands. Mais, administrateur habile, politique adroit, guerrier heureux, il ne doute pas que dans l'enivrement des conquêtes, il n'obtienne d'eux le souhait de son cœur.

La guerre est continuée contre l'empire, et il ne pose les armes que lorsque le reste de l'Espagne est soumis à ses lois. La gloire de son nom vole de bouche en bouche. L'armée, fière de son roi, est prête à souscrire à toutes ses volontés.
626. Richimer est associé à la couronne avec le consentement général. Suinthila le proclame son collègue.

Mais le succès, cet écueil des forts et des sages, l'endort bientôt dans une trompeuse sécurité. Parvenu au faîte des grandeurs, n'ayant plus d'ennemis à combattre, plus de désirs à former, Suinthila se perd dans les délices d'une autre Capoue. Se croyant sûr de l'affection des peuples et de son armée, croyant l'ambition des grands enchaînée par l'élection de Richimer, il se livre aux plus honteuses voluptés. Son pouvoir sans bornes s'appesantit sur ses sujets, pour fournir à ses infames plaisirs, aux caprices d'une reine hautaine, et à la cupidité de quelques favoris méprisés. La justice n'est plus qu'une étrangère à sa cour. Sa cruauté excite des murmures; et, pendant qu'ils circulent et qu'ils grondent sourdement, l'attrait des voluptés qui l'entraînent, lui fait tenir les rênes de l'état d'une main incertaine et nonchalante.

L'espoir de la nation trompé réveille l'ambition des grands, étonnés et chagrins de l'abandon volontaire de leurs priviléges ; une conspiration se trâme contre les rois. Un roi puissant, Dagobert, s'allie à des sujets révoltés, et prête son secours à Sisenand, pour précipiter du trône des Visigoths Suinthila et son fils. Le monarque d'Espagne, devenu odieux à son peuple, abandonné de ses compagnons d'armes, qu'il a méprisés et méconnus dans sa prospérité, est obligé de chercher son salut dans une fuite honteuse, et de laisser sa couronne au pouvoir du chef du complot. 632.

Sisenand retient le pouvoir du consentement des grands. Mais il sent tout le danger de sa position précaire. Suinthila et Richimer vivaient. Une grande infortune trouve toujours des cœurs compâtissans. L'inconstance des hommes pouvait passer d'un accès de pitié à un sincère repentir. Le souvenir des exploits de Suinthila et des heureux commencemens de son régne, pouvaient ranimer une affection jadis si vive, et peut-être mal éteinte. La jeunesse de Richimer pouvait trouver grace pour les fautes de son inexpérience. La leçon d'une aussi grande vicissitude, pouvait présenter les souverains détrônés comme corrigés de leurs erreurs.

Agité de ces craintes, Sisenand convoque un

concile. Les grands n'y sont admis que par une permission spéciale des évêques.

Là, le monarque abaissant la hauteur du sceptre devant la houlette pastorale des prélats, se place d'un ton humble sous le bouclier de la religion pour sa sûreté individuelle, et sollicite des mesures pour présenter un titre aux yeux du peuple, enchaîner son inconstance, et intimider ceux qui pourraient rester attachés aux intérêts de Suinthila et de Richimer.

Les évêques, flattés d'une démarche qui consacre en principe leur empire même sur les rois, se faisant illusion sur l'étendue de leurs pouvoirs spirituels, ne craignent point de prononcer en juges, sur des intérêts temporels d'une si haute importance. Excommuniant Suinthila et son fils, pour abus de leur autorité ; les regardant par cette sentence canonique, comme dépouillés de tous leurs droits temporels, ils osent transporter à Sisenand ces mêmes droits ; et ils prononcent anathême contre quiconque osera violer le serment de fidélité dû aux rois.

Déplorable exemple de l'inconséquence des hommes, qui brisent d'une main l'idôle, à laquelle, de l'autre, ils élèvent un autel ! Ainsi des prélats, la lumière de la nation, brisent les liens du serment fait au souverain, et prétendent rendre inviolable le nouveau serment qu'ils imposent. Oh ! affreux scandale d'une ambition toute mondaine !

Dieu châtiera la terre qui a enfanté une aussi monstrueuse contradiction. Déjà sa verge (1) vengeresse a paru dans l'Orient ; elle fera porter à cette terre malheureuse le poids des maux qu'une fausse doctrine va faire circuler dans le monde chrétien. Elle dépouillera de leurs biens les ministres d'une religion qui prescrit l'obéissance aux rois, parce qu'ils ont enfreint ses commandemens, parce qu'ils ont dépouillé le véritable possesseur, pour donner au serviteur infidèle.

L'ambition de ceux qui ont foulé aux pieds un monarque déchu, les porte à s'arroger de nouveaux droits. Personne ne pourra plus être élevé sur le trône, que du consentement et du choix libre des prélats et des grands. Il est défendu aux souverains d'abuser tyranniquement de leur pouvoir, sous peine d'anathême, sous peine d'être séparés de Dieu.

Depuis le régne de Sisebut, les conciles avaient été interrompus ; la discipline de l'Eglise avait été relâchée. Le clergé, occupé à augmenter ses richesses, son influence, se livrait à des abus. Des clercs avaient pris les armes, pendant les séditions.

(1) Mahomet avait commencé sa mission en 622.

Pour les corriger, on ordonne que les coupables dégradés, seront mis en pénitence dans des monastères. Nul ne peut être prêtre ou évêque avant l'âge de trente ans. Les moines ne peuvent être employés à des œuvres serviles, au profit des prélats qui traitaient les monastères en métairies. Les lois de Sisebut sur les juifs, sont abrogées; mais ils sont séparés de leurs enfans, dont l'édution chrétienne est confiée à des moines.

Quoique Sisenand ait mis les évêques et les grands dans ses intérêts, il ne jouit que d'une ombre d'autorité. Les plus puissans usurpent les droits de la couronne dans leurs domaines. Les juges ne craignent plus d'abuser de leur pouvoir, et de s'affranchir de toute surveillance. Les prélats qui peuvent siéger auprès d'eux, ne conservent qu'une juridiction inutile sur leur conduite. L'autorité royale, méprisée, dépouillée de ses prérogatives, sans force, sans énergie, ne peut plus protéger la société ni se préserver elle-même des insultes et des mépris. Des clercs osent porter leurs mains coupables sur leurs supérieurs. Des sujets audacieux osent, du vivant de leur maître, et sous ses yeux, briguer des voix pour la royauté.

L'ambition qui dévore toutes les ames, met aussi en question l'autorité suprême du souverain pontife, comme celles des rois. Les liens de tout pouvoir semblent rompus; et la société, prête à tomber en dissolution, ne connaissant plus que la loi du plus fort, rétrograde vers la barbarie. Cependant quelques prélats vertueux, et à leur tête, saint Isidore, défendent avec courage et les doctrines de l'Eglise et les droits du monarque. Ils semblent suscités dans ces temps de désordres, pour arrêter la décadence de l'Espagne et faire encore entendre la vérité.

Sisenand dépose enfin, en mourant, le fardeau 636.
d'une couronne avilie.

CHAPITRE X.

Chintilla, roi des Visigoths. Puissance des évêques. Suite de l'affaiblissement de l'autorité royale. Tulga.

A la mort de Sisenand, la division, la jalousie 636.
des grands augmentent encore. Quoique Chintilla soit élevé sur le trône, par l'accord des évêques et des Visigoths les plus puissans, plusieurs de ses sujets ne craignent point de s'arroger le nom de rois. Tous se prétendent dignes et capables de le porter. Tous veulent avoir quelques lambeaux de ce trône disputé.

Pour l'affermissement de sa puissance et pour sa propre conservation, Chintilla a recours aux évêques et convoque un nouveau concile. On ne reconnait comme apte au trône que la principale noblesse des Goths. L'excommunication est lancée contre les téméraires qui prennent le nom de rois. Ceux qui chargent le souverain de malédicdictions, ou qui, de son vivant, désignent son successeur, sont déclarés ennemis de l'état et du peuple.

Mais si Chintilla obtient des évêques que sa vie soit respectée, que sa famille soit honorée et chérie, que ses propriétés particulières soient conservées après lui à ses enfans, il est forcé de se soumettre et de soumettre ses successeurs à un serment nouveau. Un roi élu ne sera point couronné qu'il n'ait fait serment de ne point favoriser les juifs et de ne pas permettre d'autre culte que celui de la religion catholique.

Malgré la douceur de son règne, ce prince vertueux voit former contre lui des ligues secrettes, sources de troubles et de révoltes. Des grands ont recours aux ennemis de l'état pour se soustraire à son autorité. Malgré les anathèmes, les excommunications, les clercs comme les laïcs prennent part à toutes les rebellions. Tout montre d'un côté l'audace des sujets, de l'autre les craintes du monarque et la fragilité de sa puissance.

639. Il meurt : et son fils Tulga, couronné après lui, par le choix des prélats et des grands est aussitôt
640. détrôné. On lui coupe les cheveux comme indi-

gne de régner. Il est enfermé dans un monastère et la couronne devient la proie d'un ambitieux.

CHAPITRE XI.

Coup d'œil sur l'état de l'Espagne, à cette époque.

Nous voyons donc qu'alors par le vice d'une institution fondamentale, par l'effet de l'élection des souverains, l'Espagne, semblable à un vaisseau sans pilote, sans gouvernail, battu des tempêtes et des vents, est prête à s'abymer dans l'océan de l'anarchie. Mais nous voyons aussi qu'elle conserve une ancre de miséricorde daus le pouvoir de l'Eglise, qui combat sans cesse pour la royauté.

Nous voyons des rois sans autorité, presque sans intérêt au bonheur d'un peuple qui les brave, plus occupés à fonder la grandeur de leurs familles et à accumuler des richesses pour leurs enfans, qu'à maintenir l'ordre, et faire respecter les propriétés, les personnes et les lois.

Quant à l'état des personnes, on distingue une noblesse principale, une noblesse secondaire, le corps des hommes libres, enfin les serfs et les esclaves.

Les nobles possédent héréditairement leurs biens, non par des concessions royales, mais par l'effet de la faiblesse du gouvernement électif sur lequel ils ont usurpé les emplois.

Le crédit du clergé sur la masse du peuple, est la seule barrière aux déprédations, barrière affaiblie par la nullité de l'autorité des rois. Néanmoins, malgré l'écart des passions des grands et des petits, malgré quelques restes d'idolâtrie, malgré quelques usages superstitieux et absurdes des anciennes mœurs, la religion honorée, respectée, est toujours le mobile principal des actions du peuple. Quand il agit, même dans les désordres, c'est en raison de ses croyances religieuses; et chacun rend hommage à ceux qui les guident dans la voie du salut. De là, la puissance du clergé pour faire des rois et les défendre contre les passions des grands.

Mais cette puissance n'est qu'une force morale qui ne combat pas le vice du principe qui attaque la royauté dans sa base. Bien loin de là elle l'adopte, en conservant l'élection des rois; et quoiqu'elle s'en rende l'arbitre, elle ne fait que soutenir une monarchie malade et languissante, sans jamais pouvoir détourner les coups dirigés contre la personne du souverain.

Dans le système d'agrandissement, pratiqué par tous les hommes puissans, les évêques sont entraînés à aider eux-mêmes à dépouiller la couronne, et à jouir dans l'étendue de leurs possessions, des droits régaliens. Le crédit dont ils sont investis, fait rechercher leur protection contre les vexations des grands, par les petits propriétaires. Car comme nous l'avons remarqué, dans les troubles de la France et de l'Italie, les hommes libres sont forcés d'acheter, par des dons, des protecteurs qui les défendent, et de se reconnaître débiteurs de redevances, pour avoir des secours. Tout tend donc en Espagne comme ailleurs, par l'effet de l'anarchie, à l'indépendance des grands et à une espèce de féodalité.

QUATRIEME PARTIE.

DE LA GRANDE-BRETAGNE.

CHAPITRE PREMIER.

Cerdick, roi de Wessex, monarque. Chenrick, roi de Wessex, monarque. Céaulin, roi de Wessex, monarque. Suite de l'établissement des Saxons en Bretagne. Etat de ce pays après la conquête.

511. NOUS avons laissé la Bretagne aux prises avec les Saxons. Cerdick, roi de Wessex, était alors à la tête de la confédération.

Malgré les victoires d'Arthur, roi des Bretons, les barbares, se succédant comme les vagues d'une mer orageuse, envahissent peu à peu les terres ravagées par les débordemens précédens, et dont les habitans avaient fui pour éviter la mort, et les traitemens les plus inhumains. Envain Arthur oppose la résistance la plus opiniâtre, soutenue par l'amour et l'admiration de ses sujets. Envain les chefs Angles et Saxons,

prêtent des forces aux Bretons par leur jalousie mutuelle, restant souvent spectateurs des combats. D'autres chefs habiles recueillent les débris des armées détruites de leurs compatriotes, appellent de nouveaux renforts du continent, maintiennent leurs conquêtes, consolident et augmentent leur puissance. C'est ainsi que le Northumberland est en proie aux ravages et aux dévastations de diverses tribus saxonnes, dont les ducs, unis entr'eux, n'obéissent à aucun maître. C'est ainsi que se fonde le royaume d'Estanglie, dont les chefs, tous indépendans les uns des autres, ne reconnurent point l'autorité d'un roi. Mais Uffa, ayant survécu à tous ses frères
d'armes, et se trouvant l'ancien de sa confé- 527.
dération particulière, prend alors le nom de roi.

Dans le même temps, Ercewin, descendant d'Horsa, jaloux aussi de porter une couronne,
soutenu dans ses projets d'ambition par Cer- 527
dick qui en cache de plus vastes, sépare du royaume de Kent, les provinces d'Essex et de Middlessex, qui composent son patrimoine, et fonde le royaume d'Essex.

Cette scission qui affaiblit le royaume le plus ancien et le plus redoutable, assure la prépondérance des rois de Wessex sur les autres.

Aussi Chenrick, fils de Cerdick, ne tarde pas à recueillir le fruit de la politique de son père.

Plus puissant que les rois ses voisins, il peut imposer sa loi. La guerre, soutenue contre les Bretons, rend la réunion de ses forces nécessaires à la confédération. En conséquence, à
534. la mort de Cerdick, réclamant l'usage des élections pour la nomination du monarque, il fait oublier l'ancien usage des Saxons, et réunit sur sa tête, la couronne de Wessex, et le commandement suprême.

Sous son règne, les divisions intestines des Bretons jettent le désordre jusque dans la famille d'Arthur, et entraînent dans sa perte le dernier des grands hommes, que la nation eût à opposer aux Saxons. Ce prince à l'existence duquel le sort de sa patrie semblait lié, en des-
542. cendant dans le tombeau, ensevelit avec lui la monarchie des Bretons.

Aussitôt le royaume de Northumberland se
547. fonde sous la conduite d'Ida, qui recueille le fruit des travaux des chefs qui l'ont précédé.

Partout la Bretagne n'est qu'un vaste théâtre de scènes sanglantes et de carnage. Depuis la mort d'Arthur, les Bretons n'ont pu s'entendre sur l'élection d'un roi. L'ambition s'est emparé de tous les esprits; tous aspirent à la royauté, et les plus puissans commencent à s'intituler rois dans leurs duchés. Leur perte serait inévitable, si la jalousie des Saxons, pour parvenir à la dignité suprême, n'armait aussi leurs bras contre eux-mêmes.

A la mort de Chenrick, Céaulin son fils saisit les marques de la dignité suprême, qu'Ethelbert, roi de Kent, ambitionne et veut faire rentrer dans sa famille. Ils se livrent les combats les plus acharnés, et la victoire confirme à Céaulin tout l'héritage de son père : le royaume de Kent, soumis à un tribut, est forcé de reconnaître la supériorité des rois de Wessex. 561.

Ainsi dans un court espace de temps, le titre de chef de la confédération, donné d'abord suivant l'usage, soumis ensuite aux élections, devient la proie du plus fort.

Tandis que les querelles des rois Saxons les empêchent d'étendre leurs conquêtes sur les Bretons, les dissentions intérieures de ces derniers, toujours subsistantes entre des ambitieux dont aucun n'est assez fort pour contraindre les autres à l'obéissance, les réduisent au dernier état de faiblesse. L'anarchie enfin la plus complette, livre bientôt le reste de la Bretagne sans défense, comme une proie facile au dernier chef Saxon, que la Germanie dépose sur ces rives malheureuses. Crida, profitant de leurs troubles, soumet tout à son empire, et fonde le royaume de Mercie. 564.

Les Bretons, trop affaiblis pour espérer de

reprendre par la force des armes, ce qu'ils n'ont pu défendre, n'ont d'autres retraites que les montagnes de Cornouailles, où ils conservent leur religion, leurs usages, sous l'autorité d'un roi, tantôt combattant leurs anciens ennemis, tantôt entrant avec eux dans des alliances.

Alors fut formée l'heptarchie saxonne, ou le partage de la Bretagne en sept royaumes. Ce partage fut une source de guerres continuelles, comme l'avait été celui de la France, entre les enfans de Clovis.

Plus d'un siècle s'était écoulé depuis l'invasion des Angles et des Saxons, cependant la Grande-Bretagne ne présente encore que des institutions dans l'enfance. Mais nous pouvons remarquer que l'hérédité aux couronnes de chaque royaume, introduite en même-temps que celle des propriétés particulières, est constante et sans contestation ; qu'au contraire l'hérédité à la dignité suprême de chef de la confédération des rois, dévolue au plus ancien suivant l'antique usage, n'est déjà que le prix des brigues, des élections et de la force.

Par l'effet de la conquête, et des guerres qu'ils avaient eues à soutenir, les Bretons étaient tombés dans la pauvreté, dans la barbarie, dans la superstition, qui font naître l'ignorance. Le clergé sans communication avec le reste de l'Eglise, ayant des rites particuliers, infecté des erreurs de Pélage, faisait un corps à part, indépendant, qui, dans sa haine pour les vainqueurs, était bien éloigné de les instruire dans les doctrines évangéliques. Aussi les conquérans étaient-ils aussi barbares qu'au temps de leur première invasion. Le seul royaume de Mercie, le dernier fondé, avait pu conserver quelques traces de la civilisation des vaincus. Quelques Bretons, réduits à se retirer dans les montagnes, ou à entrer en capitulation, avaient pris le parti de la soumission. Quelques notions de la jurisprudence romaine, l'usage de quelques anciennes institutions, améliorant les coutumes saxonnes, contribuèrent à lui donner une prépondérance sur tous les autres états de l'heptarchie.

CHAPITRE II.

Effets de la rivalité des rois de l'heptarchie. Ethelbert, roi de Kent, monarque.

Les mêmes semences doivent toujours produire les mêmes fruits. A peine la conquête de la Bretagne est-elle terminée, que les rois saxons, jaloux du commandement suprême, n'ayant plus à diriger leur ardeur que contre leur propre nation, se déchirent entr'eux avec toute la férocité qui caractérise ces peuples.

Alors commencent des confédérations de plusieurs rois contre le monarque.

Dans ces combats à mort, l'hérédité au trône éprouve toutes les modifications que le besoin du service, la conservation de la société, les dangers de la guerre, l'audace des prétendans peuvent faire imaginer. Quoique les enfans et les plus proches parens des rois continuent le plus souvent de succéder à la couronne, c'est quelquefois sans égard à l'ordre de la naissance, et alors c'est toujours en vertu d'élection. Elle est un prétexte dont on se sert comme d'un titre, pour déposer les souverains, quand ces princes ont mécontenté les grands, ou porté atteinte à leurs prétentions. Les frères succédent donc quelquefois au préjudice des neveux, qui, parvenus à un âge plus avancé, dépossédent le souverain élu, ou leurs enfans, quand ils en ont le pouvoir. La primogéniture n'est pas toujours respectée. Le fils puîné est quelquefois préféré. Les femmes même sont admises à faire valoir leurs droits de naissance. Enfin le trône est occupé par plusieurs princes, qui règnent ensemble sur le même royaume (1), tandis que d'autres partagent celui de leur père. (2)

---

(1) Royaume de Sussex.

(2) Royaume de Northumberland, partagé en royaume de Bernicie et royaume de Déïre.

Les rois de l'heptarchie semblent jouir d'une autorité sans bornes; mais on la voit bientôt s'affaiblir par la force des événemens que fait naître leur ambition, par leurs guerres sans cesse renaissantes.

L'état des personnes que nous avons vu déjà modifié par l'introduction du droit de propriété, éprouve des variations plus insensibles qu'en Italie, mais qui tendent toujours à un système de féodalité. L'exercice du pouvoir, prolongé dans les mêmes familles, a créé une véritable noblesse parmi ces hommes égaux, une noblesse qui réclame des droits, qui s'attribue seule le privilége de reconnaître le souverain appelé par sa naissance à tenir les rênes de l'état. Elle prend le titre de grands (1), de premiers de la nation. Les succès comme les revers des rois, dont elle suit les drapeaux, concourent à son agrandissement. Si un royaume est envahi et conquis par un prince voisin, les grands, qui se regardent dès lors comme libres, indépendans de toute autorité, s'enferment dans les places fortes, tiennent leurs compagnons en armes, prêts qu'ils sont à saisir l'occasion la plus favorable à leurs intérêts; ils vendent chèrement leur soumission, et ne reconnaissent le nouveau souverain qu'au prix de nouvelles faveurs. Dé-

(3) *Greater Thanes.*

voués néanmoins à la famille que leurs ancêtres avaient choisie pour chef, ils la rappellent après l'orage, et toujours au profit de leur grandeur.

Aussi, aucune histoire ne présente-t-elle autant de vicissitudes, autant de rois détrônés, autant de royaumes annexés à un royaume voisin que celle de l'heptarchie saxonne. Un roi vainqueur, à son tour vaincu, céde la couronne et ses états à ceux qu'il avait soumis à sa domination, ou s'en reconnaît tributaire.

L'usurpation d'un royaume était un moyen de parvenir au commandement suprême, de porter la terreur parmi ses rivaux, de les disposer à se soumettre au tribut réclamé par le chef de la confédération. Le plus féroce était ordinairement le plus honoré. C'est par des conquêtes que Céaulin, roi de Wessex, avait acquis et conservé le titre de monarque suprême des Saxons. C'est en conquérant, après avoir soumis le royaume de Mercie, qu'Ethelbert, roi de Kent,
593. autrefois vaincu par Céaulin, parvient lui-même à se faire nommer chef des rois.

Dans ces désordres, créés par l'ambition et la jalousie des divers souverains, les meurtres, les crimes, la trahison sont les moyens avoués pour satisfaire les passions de ces hommes féroces. Céaulin, attaqué par une confédération de rois unis aux Bretons, en avait été la victime.

CHAPITRE III.

Mission du moine Augustin dans la Bretagne. Conversion d'Ethelbert. Effet de l'introduction du christianisme en Bretagne.

Au milieu des désolations qui affligent cette terre malheureuse, depuis si long-temps livrée à la vengeance céleste, une reine du sang français (1) est envoyée en Bretagne par la Providence, comme un ange consolateur, pour apprendre aux souverains qu'il est d'autres biens que ceux qui engendrent tant de fureurs. Conservant chez cette nation barbare l'exercice des pratiques de la religion chrétienne, elle prépare par ses vertus, le cœur du roi Ethelbert, son époux, à écouter les paroles de l'Evangile.

La Providence a déjà applani toutes les voies pour le succès de son Eglise, lorsque le pape Grégoire, qui veille pour la propagation de la loi, entreprend la conversion de ces infidèles. Par ses ordres, le moine Augustin, à la tête d'une suite nombreuse de missionnaires, compagnons de ses travaux, se rend dans cette contrée barbare. Armé de la croix, il marche à la conquête d'un peuple courbé sous le joug de l'idolâtrie, et devient l'apôtre de la Bretagne.

---

(1) Berthe, fille de Charibert, roi de Paris.

Ethelbert est le premier qui reçoit les eaux du
597. baptême. L'exemple du monarque, suivi par un grand nombre de ses sujets, entraîne parmi les rois de la confédération, Sabert, roi d'Essex, son parent.

Des monastères se fondent : la pureté de la vie de ces missionnaires, les promesses consolantes d'une autre vie, le mépris des richesses qu'ils refusent, attirent l'admiration des peuples. Satisfaits des seules choses nécessaires à leur existence, ils imitent la vie des apôtres, instruisant, baptisant, passant les jours dans les jeûnes et la prière. Les conversions sont fréquentes et journalières. Mais alors des missionnaires gallois et écossais, encouragés par les succès d'Augustin, convoitant les richesses que la reconnaissance des rois et des peuples s'empresse d'offrir à ceux qui leur apportent la promesse des biens d'un plus grand prix, viennent aussi prêcher les mystères d'un Dieu mort sur la croix, et sèment avec la parole divine, les erreurs qui les tiennent séparés du sein de l'Eglise. Néanmoins les miracles qu'Augustin opère aux yeux du monde, font reconnaître les vrais envoyés de Dieu, dont les travaux sont d'autant plus pénibles, qu'avec le paganisme, ils ont à combattre des frères égarés, des frères obstinés dans le schisme.

S. Grégoire ordonne qu'il soit établi, dans cette

Eglise naissante, comme autrefois dans l'empire, un métropolitain pour douze évêchés. Il donne à Augustin l'autorité sur les évêques gallois et écossais, qui, méconnaissant le successeur de saint Pierre, veulent rester dans l'indépendance. Les idoles sont abattues. Les temples de ces dieux, faits de la main des hommes, sont purifiés et consacrés au service divin. Saint Grégoire, pour habituer ce peuple grossier à assister aux offices de la religion chrétienne, permet la pratique de ses anciens usages. Après leurs sacrifices humains, les Saxons se livraient à la joie, à la danse, aux plaisirs de la table, autour du temple de leurs idoles. Il permet que des cabanes soient construites près de l'enceinte des églises, afin de les laisser jouir de leurs divertissemens accoutumés; aussi la multitude, frappée par des objets sensibles, touchée des œuvres de charité des apôtres qui travaillent à son salut, accourt en foule, pour recevoir les eaux du baptême, et apprendre la nouvelle de la promesse des biens éternels, faite à ceux qui adorent le Dieu vivant.

Les vertus d'Augustin et de ses compagnons contrastent avec la grossièreté des prêtres gallois, tombés dans la barbarie des peuples qui ont donné des fers à leur patrie. Se mêlant aux guerres des barbares, les évêques, les moines, les clercs bretons se trouvent partout, au milieu du carnage, et se livrent, quoique chrétiens, à des excès inconnus aux Saxons. Suivant machinalement, et par habitude, une religion dont ils ont perdu l'esprit et la tradition, ils ne s'occupent que de vaines cérémonies extérieures. Les temples des idoles ne leur inspirent plus d'horreur. Ces temples sont communs à leurs sacrifices, comme à ceux des pontifes des dieux *Thor et Woden.* Le pain de la communion est distribué aux chrétiens, à la même table où le sang des victimes humaines vient de couler.

Envain Augustin veut leur ouvrir les yeux sur ce mélange odieux du sacré et du profane. Leurs cœurs abrutis repoussent les remontrances de celui qu'ils ne veulent point reconnaître pour supérieur. Mais l'homme de Dieu prévoit, et leur annonce que ceux qui ne veulent point avoir la paix avec leurs frères, auront la guerre avec leurs ennemis, et qu'ils recevront la mort de la main de ceux à qui ils refusent d'enseigner le chemin de la vie.

Pendant le règne d'Ethelbert, l'Eglise de Bretagne obtient de rapides succès. Les élections en usage pour la nomination des évêques, ne peuvent encore être suivies. Les rois qui ne peuvent craindre leur influence, ne sentent point d'intérêt direct à y prendre part. Augustin, pour consolider son ouvrage, désigne Laurent son disciple, pour occuper après lui le siége de Cantorbéry, le premier siége de la Bretagne (1).

La religion, florissante dans le royaume de Kent, commence à introduire quelque civilisation. Ethelbert, aidé de ses lumières, dicte des lois à ses sujets, pour réprimer les désordres, les vols, les brigandages. Dans le recueil des usages saxons dont il fait un corps de lois, il règle les compositions pour meurtres ou injures parmi les Saxons, afin d'arrêter les suites des vengeances. Les églises, et les biens dont il les dote, sont particulièrement recommandés au respect du peuple; et imprimant au meurtre d'un archevêque, le sceau du sacrilége, sa tête est estimée un plus haut prix que celle d'un roi même. Ceux qui recherchent la faveur du prince, veulent être associés avec lui au royaume du ciel, et paraissent volontairement se soumettre au joug de J. C.

---

(1) Anciennement Doroverne.

CHAPITRE IV.

Redwall, roi d'Estanglie, monarque de l'heptarchie. Retour des Saxons au culte des idoles. Succès du christianisme.

La férocité, la brutalité des Saxons, la division de la Bretagne entre sept rois payens, le changement du chef de la confédération, tout présageait à cette église, dès sa naissance, de grands obstacles à vaincre, de grandes tribulations, de violens orages à essuyer.

616. A peine Ethelbert a-t-il payé le tribut à la nature, qu'Ealbald, son fils et son successeur au royaume de Kent, élevé sur le trône en vertu du testament de son père, approuvé des grands, entraîne le peuple dans l'apostasie, et retourne au culte des idoles.

Redwall, roi d'Estanglie, alors le plus redouté des rois par son génie guerrier, est appelé, après Ethelbert, à la tête de la confédération. Plongé dans les ténèbres du paganisme, il règne glorieusement selon le monde; mais il ne peut élever ses pensées aux vérités qui commandent le mépris des choses de la terre. L'Eglise est sans soutien, sans protecteur, et n'a de force que celle qu'elle tire de sa céleste origine, pour faire briller avec plus d'éclat la vérité.

Sabert, dans le même temps, laisse en mourant le royaume d'Essex à ses trois fils, qui, dans l'ardeur des passions, n'ont point renoncé au paganisme. Aussitôt l'évêque de Londres est chassé de son siége par le peuple. Les églises sont souillées par les idolâtres. Laurent de Cantorbery, le successeur d'Augustin, est lui-même prêt à fuir les infidèles révoltés contre la foi, et à chercher loin du royaume de Kent une contrée plus hospitalière; lorsque dans un songe, il croit voir saint Pierre lui reprochant la faiblesse qui lui fait abandonner le troupeau confié à ses soins. Son cœur, armé d'une force nouvelle, le dispose à souffrir tout, la mort même, pour la vérité qu'il est chargé de défendre. La douceur des doctrines chrétiennes, la patience de Laurent, son zèle pour le salut de son souverain, préparent enfin Ealbald à écouter sa voix. Alors, par un stratagême qui atteste la simplicité de ces hommes grossiers, se présentant à lui le corps ensanglanté et déchiré de coups, dit-il, pour l'apostasie et les fautes de son roi, il le touche, le fait renoncer à ses habitudes déréglées, et triomphe enfin de son incrédulité. Enfin, la religion en honneur peut travailler avec sécurité, dans le royaume de Kent, à la conversion des Saxons.

La Providence, qui suit ses desseins, se sert de la férocité des idolâtres, pour la punition des schismatiques, suivant la parole d'Augustin son serviteur. En même temps, elle élève des souverains sur le trône, ou les précipite de leur grandeur, pour leur apprendre la vanité des choses de la terre, et pour préparer le cœur de ses élus à recevoir son joug.

Adelfrid, roi de Bernicie, conquérant du royaume de Deïre sur Edwin, son beau-frère, devient l'instrument de la vengeance divine dans la lutte que l'ambition suscite entre les royaumes de Northumberland et d'Estanglie, pour la destruction ou le rétablissement d'Edwin. Douze cent cinquante moines Gallois périssent dans une seule action ; et après le sacrifice de ces ré-
617. voltés contre l'autorité de l'Eglise, Adelfrid succombe et laisse le royaume de Northumberland au pouvoir de celui que Dieu appelle à la connaissance de son nom.

CHAPITRE V.

Edwin, roi de Northumberland, monarque de l'heptarchie ; sa conversion au christianisme. Progrès du christianisme en Bretagne.

624. A la mort de Redwall, monarque de l'heptarchie, Edwin, roi de Northumberland, lui succède dans le commandement de la confédération sa-

xonne. Ce prince, élevé à l'école du malheur, porté ensuite au faîte des grandeurs, comprend la puissance du Roi des rois. Instruit dans les mystères de la religion chrétienne par saint Paulin, uni par les liens du mariage à la fille d'un prince chrétien, du roi de Kent, il appelle les grands de sa nation et les prêtres des payens à l'examen des vérités de l'Evangile. Le chef des pontifes saxons, qui depuis long-temps connaît la vanité, l'inutilité de son culte, enflammé par les nouvelles doctrines, veut être le premier à renverser les idoles de ses faux dieux. Le monarque, les 627.
grands, une foule de peuple reçoivent les eaux du baptême.

Un événement aussi mémorable est approuvé dans l'assemblée générale de la nation. Sous la conduite de saint Paulin, des lois ecclésiastiques sont faites pour le gouvernement de la nouvelle Eglise. On procède à la nomination des évêques; leur nombre est arrêté, leur état réglé, les siéges désignés. Les assemblées sanctionnent les établissemens de divers monastères, et leurs revenus sont fixés par la libéralité du roi.

Un zèle apostolique s'empare du monarque converti. Edwin travaille lui-même à la conversion du royaume d'Estanglie. Earpwold, fils du souverain qui a autrefois combattu pour le rétablir sur le trône de Northumberland, reçoit de lui, en échange du bienfait, la connaissance du royaume des cieux, et embrasse le christianisme.

Désormais les idolâtres, esclaves de leurs passions, ennemis d'une religion qui vient mettre un frein à leur ardeur pour le pillage, s'arment en vain et combattent inutilement pour arrêter les progrès du christianisme; en vain l'apostasie vient encore envahir les domaines du Christ, après la mort des souverains qui avaient reconnu son empire; en vain la conduite des hérétiques, ou schismatiques Bretons, vient réveiller la haine des peuples, et susciter l'esprit de crainte et de vengeance; les ministres de la religion, qui ont un asile assuré dans le royaume de Kent, et la protection du monarque, n'essuient plus que de légers orages. La classe du peuple a trouvé des douceurs, des consolations à ses maux, dans les promesses d'une vie plus heureuse. Des princes errans et fugitifs, victimes de l'ambition, reçoivent pendant leur exil, par les secours de cette sainte religion, la force de supporter leurs épreuves, et la ramènent en triomphe, soit dans les royaumes qui ont déjà connu ses bienfaits, soit dans les états qui y sont encore étrangers.

CHAPITRE VI.

Oswald, roi de Northumberland, monarque de l'heptarchie. Suite des progrès du christianisme en Bretagne.

La gloire du règne d'Edwin, la haine du nom chrétien, le désir de conquérir la dignité suprême de monarque, soufflent à Penda, roi de Mercie, la rage des combats et la ruine du roi de Northumberland. Edwin est tué dans une bataille, 633.
et sa mort qui plonge son royaume dans l'apostasie, sous ses successeurs qui le partagent, laisse Penda maître de la suprématie sur les souverains de l'heptarchie; mais ceux-ci refusent de reconnaître sa puissance.

Dans le choc de tant de passions, qui font des rois et les font disparaître, Oswald succède seul à ses frères apostats, dans le Northumberland. Sa valeur qui ne le cède à nulle autre, sa douceur, fruit de son éducation chrétienne, fixent sur lui le choix de ses rivaux, pour le placer à la tête de l'heptarchie, et mettre un frein 635.
aux violences de Penda.

La religion recouvre en lui un puissant protecteur, qui travaille lui-même en missionnaire à la conversion de son peuple, et sollicite les rois d'entrer dans le sein de l'Eglise. Reconnaissant la supériorité des lumières des ecclésiastiques, il appelle dans les conseils celui qui a ouvert ses yeux à la foi, le moine Irlandais saint Aïdan, qui l'instruit dans l'art de policer son peuple, en l'attachant par les pratiques d'une charité toujours ingénieuse à voler au devant de ses besoins. La sagesse de sés réglemens, basée sur ceux que reconnaît l'Eglise, fait naître l'ordre dans le royaume, et rend Oswald les délices de ses sujets.

Cinesigilde et Quicelm, rois de Wessex et de Sussex, cèdent à l'influence du monarque qui les touche par la sainteté de ses exemples et par l'amélioration du peuple soumis à ses lois. Ils veulent faire jouir leurs sujets des bienfaits d'une religion qui commande l'ordre et l'amour des
636. hommes. Ils reçoivent les eaux du baptême.

Enfin Sigebert, rappelé de son exil en France, s'asseoit sur le trône d'Estanglie. Chrétien, il
836. suit l'exemple du souverain qui lui a donné un asile, et des leçons dans l'art de former les hommes. Pour l'instruction de ses sujets, comme pour la propagation des préceptes de l'Evangile, il fonde des écoles dans ses états ; et le premier, il donne à la Bretagne les moyens de disposer les cœurs de l'enfance à la connaissance de Dieu, et à l'étude des sciences et des arts.

Le royaume de Mercie reste seul, à cette époque, dans les ténèbres du paganisme.

Ainsi s'établissent les préceptes divins, au milieu de la nation la plus féroce, la plus divisée, la plus abandonnée à toutes les fureurs des passions humaines.

Néanmoins, cette nation n'ayant que peu ou point de naturels du pays, n'ayant aucun Romain mélangé aux Saxons, ne fait que des progrès lents dans la civilisation. Le petit nombre de missionnaires, tous venus d'Italie ou de France, ne peut suffire aux besoins du peuple, et prêcher partout la parole de Dieu. L'ignorance des Saxons ne permet pas de les admettre dans les ordres sacrés; et la Bretagne arriérée alors de plus d'un siècle sur la plupart des autres états de l'Europe, conserve d'une manière plus marquée, tous les caractères de la barbarie.

La haine des Bretons pour leurs conquérans les avait éloignés de faire participer leurs usurpateurs à la connaissance d'une doctrine, qui les eût admis à la jouissance des mêmes biens réservés aux chrétiens. La haine des Saxons pour des ennemis aussi invétérés, leur faisait repousser toute doctrine venue de leur part; elle leur aurait semblé cacher un piége, tendu pour servir des projets de vengeance.

Il fallait donc à ces esprits prévenus l'intervention de missionnaires étrangers, pour recevoir le christianisme. La vue de la conversion des états les plus puissans de l'Europe, avait servi à vaincre leur éloignement pour la religion de leurs ennemis, à les rapprocher d'une doctrine devenue celle des peuples qu'ils regardaient comme leurs frères; d'une doctrine dont les effets, malgré leur ignorance, ne pouvaient échapper à leurs regards. Les Saxons, dans leur commerce avec les nations nouvellement chrétiennes, n'avaient pu s'empêcher de reconnaître chez eux un dégré de civilisation supérieur à celle de leurs propres états. Dès lors, les souverains, entraînés par une influence aussi puissante, virent sans peine arriver sur leurs rives des ministres, honorés, protégés par les rois de France, et que la renommée leur peignait comme habiles dans la conduite des peuples. Dès lors, l'ambition, la cúriosité, l'amour des nouveautés, concoururent à faciliter le triomphe paisible de la religion.

CHAPITRE VII.

Etablissement de la puissance des souverains pontifes en Bretagne.

NOUS devons observer qu'avec la conversion des rois, l'autorité de la cour de Rome se fonde en Bretagne. L'Eglise n'est encore qu'au berceau, mais déjà elle embrasse les divisions de territoire, faites par les Saxons. Déjà la force de l'empire spirituel, qui combat pour l'unité de la foi, se fait sentir partout où la religion pénètre en Bretagne. L'Eglise naissante, dirigée par le chef de l'Eglise universelle, ne craint point d'attaquer en même temps que le paganisme, les rits, les usages de l'Eglise bretonne qui, par les malheurs des temps, et par une cessation forcée de communication avec ses frères, était plongée dans l'ignorance et dans la barbarie.

Cette unité de foi, si recommandée par les apôtres, et dont la garde est confiée au vicaire de J.-C. sur la terre, devait naturellement engager les ouvriers de la vigne du Seigneur, à rapporter au saint siége toute la gloire de leurs travaux, et tous les avantages de leurs conquêtes spirituelles.

De là, l'influence du pape sur la nouvelle Eglise. On ne peut croire alors que ce soit une superstition que de professer de l'attachement au saint-siége. On ne peut croire que se soumettre à la juridiction du prince des évêques, c'est, à la honte des nations chrétiennes, élever un culte idolâtre, en l'honneur d'un homme semblable aux autres. On ne peut croire enfin que les pratiques religieuses soient corrompues par l'ambition de Rome et des prêtres, surchargées d'observances superstitieuses, et inventées pour confondre et abrutir l'imagination des hommes portés à la crédulité. Aussi ce siècle fécond en crimes, ce siècle où règne l'idolâtrie, mais qui n'est pas celui de l'impiété, bien loin de regarder le zèle du pape saint Grégoire, qui attache à son pontificat la conversion de la Bretagne, comme celui d'un fanatique immodéré, ignorant, ennemi des monumens et des écrits de l'antiquité païenne, incapable de les comprendre, ce siècle honore ce souverain pontife du nom de *Grand*. La postérité impartiale, reconnaissante de la sagesse de son gouvernement, et des bienfaits rendus par lui à l'humanité, bien loin de voir d'indignes motifs humains dans sa conduite, admirant en lui la force de l'amour de Dieu et du prochain, confirme ce juste jugement.

Les circonstances de la conversion des Saxons qui s'opérait sous la direction même du chef de l'Eglise, et par la voie de sa milice chrétienne, devaient naturellement attirer leurs regards vers la source, où leurs maîtres vénérés et chéris puisaient leurs instructions.

CHAPITRE VIII.

Effets du paganisme sur la société des Saxons. Ces effets comparés à ceux du christianisme.

Il nous reste à examiner l'effet des désordres de cette société naissante, occasionnés par le laps du temps et l'influence du paganisme.

Pendant l'existence de cette fausse religion qui exaltait les passions de haine, de vengeance et d'intempérance, il était difficile que l'ordre social ne subît pas toutes les modifications qu'elles avaient le pouvoir de faire naître. Le principe des élections qui leur était si favorable, se trouvait cependant en opposition avec la stabilité, la fixité que réclamait l'introduction de la propriété.

De là, les mêmes troubles pour la possession des biens et des emplois que nous avons observé pour la royauté, dans les divers gouvernemens. Les titulaires de places veulent les conserver à leurs enfans. Les ambitieux réclament les élections ou la nomination du souverain pour les leur ravir : et toutes ces combinaisons arrivent suivant la force des prétendans, et entraînent des guerres particulières. D'un autre côté, les avantages attachés à l'exercice d'un pouvoir quelconque, comme nous l'avons déjà dit, ont accoutumé les peuples à regarder les fonctions comme des propriétés. Les places, étant de même date que la possession des terres, s'étaient confondues avec elle. Dans le choix de ces intérêts divers, on fait revivre le simulacre de l'élection, dans certains cas, comme pour la royauté; et la porte semble être ouverte à l'ambition. Mais alors l'élection se lie aussi aux droits de la naissance. Les pères ne craignent point de désigner par leur testament celui de leurs enfans, sur lequel ils appellent le choix du souverain ou de leurs pairs. L'ordre de primogéniture est ici plus respecté.

Si la royauté, usant de ses droits et de son pouvoir s'oppose à ces tentatives d'usurpation, et nomme un nouveau duc à un gouvernement vacant par le décès du titulaire; les enfans de ce dernier se croient injustement dépossédés d'une propriété, vont porter chez des rois voisins leur mécontentement, excitent les jalousies, les haines, attisent le feu des discordes civiles et étrangères, pour venger ce qu'ils appellent leurs injures et recouvrer leur héritage. Aussi l'hérédité des places s'établit-elle généralement par l'usage.

Tant d'incohérence dans la marche de ces gouvernemens, guidés par les passions humaines, qui toutes réclament des droits chimériques, imaginaires, qui toutes sont prêtes à se faire justice à elles-mêmes, sans être arrêtées par l'idée d'un crime, avait dû rompre les liens des premières institutions sur lesquelles avait été fondée la conquête; l'association des propriétaires entr'eux, unis à leurs serfs, avait perdu toute sa force, pour la répression des désordres, comme pour la défense de la communauté. L'autorité royale et celle des hommes devenus puissans, s'étaient accrues de tout ce que le reste de la société avait perdu. Ces deux autorités, calculées alors pour la conservation et la sécurité de cette même société, commençant à lutter l'une contre l'autre, n'ayant d'autres bornes que leur intérêt individuel, deviennent la source des violences, des crimes, des atrocités dont ce siècle fournit tant d'exemples.

L'impunité des attentats en est encore une conséquence. Si les désordres sont poursuivis, ce n'est pas dans l'intérêt des mœurs blessées, de la morale outragée, pour faire triompher la vertu. La nature des peines, les compositions en argent dont la moitié entre dans les coffres du roi, classent les désordres comme une branche des revenus publics, et comme le prix de la peine des magistrats. Ils ne sont donc poursuivis que dans l'intérêt du fisc, dans l'intérêt des grands qui, le plus souvent ont aussi intérêt à protéger les coupables; et les coupables qui comptent parmi eux, les premiers de l'état, les chefs suprêmes de la justice, se mettent au-dessus des lois par leur puissance, ou trouvent dans leurs alliances des appuis qui leur assurent l'impunité.

Cependant il faut, à tout prix, se mettre en garde contre les violences; et ceux qui n'ont plus d'espoir dans la protection des lois et des magistrats se groupent autour d'un chef, lui prêtent leur force, en se soumettant à lui, pour obtenir son appui. De là l'audace et la licence.

Aussi l'histoire de cette époque ne nous présente-t-elle, en Bretagne, de royaume gouverné selon la justice que depuis l'introduction du christianisme. Dieu qui travaille lui-même à l'édifice de son Eglise, permet alors, pour l'instruction des hommes dans la suite des siècles, qu'un prince rempli de son esprit, éclairé de la vive lumière de sa nouvelle religion, laisse aux générations futures, le modèle de la conduite des rois. Edwin, roi de Nortumberland, nouveau converti, rétablit l'ordre dans toutes les parties de l'administration de son royaume. Sous son règne, la sécurité des citoyens est telle, que des objets confiés à la foi publique sur les chemins, dans les bois, et autres lieux, sont respectés de tout le monde; et suivant les expressions du temps, une femme avec son nouveau né, un enfant avec une bourse à la main, peuvent traverser seuls la Bretagne d'une mer à l'autre, sans crainte d'attentat d'aucun genre.

Cet esprit de justice imprimé à tout un peuple, par un roi puissant et vertueux, nous montre encore une fois ce que peut un souverain qui veut l'ordre et le bien. Mais tout disparaît avec lui, comme un songe, aussitôt que l'apostasie, le vice, l'égoïsme remontent sur le trône.

Terrible résultat des passions humaines, dont l'expérience si souvent éprouvée appelle toute l'attention des souverains et des peuples, pour fonder la prospérité publique, sur les bases des vérités éternelles, qui seules peuvent mettre un frein à leur pernicieuse influence.

CHAPITRE IX.

Faiblesse des royaumes de l'heptarchie. Faiblesse de l'autorité du monarque. Faiblesse des assemblées nationales.

La Bretagne, divisée comme elle l'est alors, sujette à tout le jeu des passions humaines, n'a dans aucun de ses royaumes, les conditions de leur conservation; aussi sont-ils sans cesse conquis et reconquis. Toute leur existence ne se soutient que par la rivalité des rois, et la férocité des mœurs. Un assassinat change en un instant la face des choses, de sorte que sans agrandissement comme sans perte, les vainqueurs et les vaincus reprennent leur rang; et chacun,

puisent une force nouvelle dans la faiblesse et les embarras des autres. Incapables de s'affermir dans les conquêtes faites sur les princes de leur nation, les souverains n'occupent qu'un trône, toujours prêt à être ébranlé par une force supérieure. Aucune institution morale ne leur prête d'appui; ou plutôt celles qui existent sous l'empire du paganisme, les menacent encore de destruction.

Le monarque suprême de l'heptarchie ne jouit que d'une autorité limitée sur les autres royaumes, et d'une autorité presque sans objet, depuis la soumission des Bretons; puisqu'elle ne peut contenir les autres rois Saxons, dans un état d'harmonie entr'eux, puisque ceux-ci indépendans pour l'administration particulière de leurs royaumes, sont affranchis de toute subordination. Ses prérogatives consistent principalement dans l'exercice de la justice sur ses pairs, pour faire payer les compositious qu'entraînent les massacres des rois. L'intérêt du prix du sang qui le lie alors à la famille offensée, lui donne une prépondérance passagère, et les avantages de l'amende imposée, réservée aux juges.

Cette dignité suprême, flatteuse pour l'orgueil du titulaire, est une source de jalousie et de guerre, sans cesse renaissante entre des souverains d'ailleurs égaux. Les royaumes de Northumberland, de Mercie, de Wessex, d'Estauglie se disputent ce vain honneur dans des flots de sang. L'esprit de confédération se perd dans ces combats. Chaque roi entraîne son peuple dans les camps, pour sa cause particulière. Les uns se liguent avec les Bretons, leurs anciens ennemis, pour combattre leurs rivaux saxons. L'esprit national n'est plus que celui de l'état, auquel on appartient. Ce peuple de frères n'est plus qu'un composé de familles ennemies. On ne voit plus d'assemblée générale de la nation, mais seulement des assemblées de chaque royaume.

Ces assemblées que nous avons déjà vues diminuer en nombre, par le changement d'état des propriétaires, se font à peine sentir dans les actes du gouvernement. L'avénement d'un souverain au trône, est presque la seule occasion de leur influence, pour la reconnaissance du prince appelé à régner Les grands propriétaires, par une conséquence nécessaire, élevés au pouvoir, sont les seuls à prendre un intérêt direct à tous les événemens, à toutes les variations causées par l'ambition des divers souverains. Les chefs inférieurs ne peuvent plus se mêler des affaires publiques, que comme agens de leurs supérieurs. Suivant l'impulsion des grands, leurs voix ne peuvent être comptées, et ne font qu'ajouter du poids au vote de celui dont ils suivent les drapeaux. Quoique classés parmi les nobles, ils sont dans la dépendance d'un chef autrefois leur compagnon. Aussi voyons-nous que tantôt la faiblesse extrême des rois, tantôt des actes de violence de la plus grande vigueur, passent sans aucun contrôle des assemblées. Cependant elles subsistent, et leur existence est encore une barrière imposante pour la volonté des souverains, dans les circonstances nouvelles qui peuvent se présenter, pour la conduite des peuples. Ainsi les rois qui osent tout impunément, n'osent, sans le consentement de la nation, toucher à la religion, ni introduire des doctrines que dans leur conviction ils professent.

Admirable effet des vues secrettes de la Providence, qui veut n'imposer aux hommes qu'un joug volontaire; qui veut que leur bonheur, leur salut dépende du sacrifice libre des idoles ou des passions qui les tiennent asservis! C'est ce que sa doctrine nous révèle; c'est aussi ce que l'histoire particulière de la Bretagne nous présente.

CHAPITRE X.

Des mœurs depuis l'introduction du christianisme.

DÉJA depuis plus de quarante ans l'Evangile a été prêché et reçu en Bretagne, cependant elle est encore à peine initiée aux mystères de la religion. En France, au contraire, peu d'années ont suffi pour la soumettre à la même croyance. La cause de l'endurcissement de la Bretagne, tient à sa division en sept royaumes, à son isolement des peuples chrétiens; la France, au contraire, réunie sous un seul maître, sous Clovis, habituée aux usages des Romains, soumet sa raison à la supériorité de leurs lumières. La Bretagne, par son ignorance, par la férocité des mœurs de ses peuples, par l'attachement des Saxons aux idoles, repousse long-temps une doctrine nouvelle, retourne au culte de ses fausses divinités, se débat avec toute l'énergie des passions, contre des vérités qui viennent les dompter; tandis que la France, conservant dans l'origine de sa conversion, toute sa barbarie, cherche à concilier ses penchans avec les préceptes de sa nouvelle croyance, veut acquérir les biens célestes, sans renoncer aux biens de la terre, compose avec sa conscience, et corrompt l'esprit de l'Eglise.

Mais en Bretagne, la corruption ne peut rien sur l'élite du clergé de l'Europe. Ce sont les plus saints personnages qui, poussés par un zèle religieux, viennent pour étendre l'empire du Christ; ils sont insensibles aux séductions des biens temporels. Parmi eux, il n'y a ni ambitieux ni prêtres infidèles. Contens du strict nécessaire, ils distribuent les dons qu'ils reçoivent pour acheter des ames à J. C. par des bienfaits. Ils offrent les secours du baptême à ces idolâtres, jusque dans leurs derniers momens; mais il les offrent gratuitement, selon l'ordre de saint Grégoire Le moment de la doctrine du rachat des crimes, au lit de mort, par des donations aux églises, n'est point encore venu pour les Saxons. La pureté du zèle des missionnaires ne connait que les séductions du désintéressement et des vertus chrétiennes. C'est encore par des souffrances volontaires qu'ils s'imposent, qu'ils frappent les esprits de la grandeur des biens qu'ils promettent : et leur voix douce et persuasive conquiert sincèrement à Dieu ceux qui l'écoutent.

Les règnes d'Ethelbert, d'Edwin, d'Oswald, depuis leur conversion, attestent la sincérité de leur foi, et leur renoncement personnel à leurs mœurs féroces.

Néanmoins l'antique haine des Saxons pour

les prêtres Bretons, et l'ardeur des passions, opposent aux missionnaires la résistance qui naît du refus de prêter l'oreille à leurs instructions. Ceux du royaume de Mercie, accoutumés aux sacrifices chrétiens, qu'ils laissent pratiquer dans les temples de leurs idoles, dédaignent les prêtres qu'ils traitent en esclaves, et ils exaltent les dieux à qui ils croient devoir leurs conquêtes. Ceux des autres royaumes, sans cesse distraits par les guerres et les dissensions civiles, n'ont pas le temps de goûter les paroles des missionnaires. La parole de Dieu, prêchée par un trop petit nombre d'hommes, ne peut parvenir jusqu'à eux, ou se perd dans le tumulte de leurs passions. Ils restent dans leur ignorance et pratiquent leurs sacrifices humains.

Il n'y a donc point encore de transaction entre les mœurs des Saxons et l'esprit du christianisme. Les premiers conservent toute leur férocité, et les ministres de Dieu toute la pureté de leurs vertus. Ceux qui croient aux missionnaires imitent sincèrement leurs exemples. Les autres ne les épargnent qu'à cause de la protection des rois.

La pauvreté des missionnaires, leur petit nombre, la difficulté de l'augmenter, la brutalité des Saxons, tout concourt donc à retarder les progrès du christianisme en Bretagne. Mais l'arbre de la croix est planté : la plupart des rois sont éclairés ; des écoles sont formées, et les enfans élevés à la connaissance des préceptes du vrai Dieu.

L'heure de la récolte approche ; et elle sera d'autant plus abondante, que, du sein même de la nation, sortiront bientôt les vendangeurs de la vigne du Seigneur.

FIN DU PREMIER VOLUME.

TABLE

DES

MATIÈRES CONTENUES DANS LE PREMIER VOLUME.

DEUXIÈME PARTIE.

L'ITALIE.

TROISIÈME PARTIE.

L'ESPAGNE.

QUATRIÈME PARTIE.

LA GRANDE-BRETAGNE.

LIVRE SECOND.

CHRISTIANISME. TRIOMPHE DE LA CATHOLICITÉ EN EUROPE.

PREMIÈRE PARTIE.

LA FRANCE ET LA GERMANIE.

SECONDE PARTIE.

L'ITALIE.

TROISIEME PARTIE.

L'ESPAGNE.

QUATRIÈME PARTIE.

LA GRANDE-BRETAGNE.

Pages.

FIN DE LA TABLE DU PREMIER VOLUME.

www.ingramcontent.com/pod-product-compliance
Ingram Content Group UK Ltd.
Pitfield, Milton Keynes, MK11 3LW, UK
UKHW012153240726
13966UKWH00002B/314

9 782013 593175